LE PÈLERIN DU SILENCE

IL A ÉTÉ TIRÉ DE CET OUVRAGE :

Trois exemplaires,
sur Japon impérial numérotés de 1 à 3, six exemplaires
sur chine numérotés de 4 à 9, et douze exemplaires
sur Hollande van Gelder numérotés de 10 à 21.
pour lesquels le frontispice d'Armand Seguin
a été gravé à la pointe sèche et tiré
à la poupée

JUSTIFICATION DU TIRAGE :

Droits de reproduction et de traduction réservés pour tous pays,
y compris la Suède et la Norvège.

REMY DE GOURMONT

LE PÈLERIN

DU

SILENCE

ORNÉ D'UN FRONTISPICE D'ARMAND SEGUIN

PARIS
SOCIÉTÉ DV MERCVRE DE FRANCE
XV, RVE DE L'ÉCHAVDÉ-SAINT-GERMAIN, XV

M DCCC XCVI

Tous droits réservés.

PHÉNISSA

Histoire tragique de la princesse Phénissa ★ expliquée en quatre épisodes ★

Le prince Phébor.

La princesse Phéna.

Phénissa, fille de Phéna et femme de Phébor.

Le Messager.

Les Suivantes.

La Petite.

Le Pauvre.

Soldats et valets.

Cela se passait autrefois.

PREMIER ÉPISODE

(Phéna est assise au seuil du palais. Ses femmes l'entourent. Quelques-unes causent deux à deux. Les plus jeunes, avec des rires et des cris, jouent à colin-maillard. Une petite, agenouillée sur le coussin où Phéna pose ses pieds, assemble un bouquet de jasmins, d'œillets et de diverses fleurs.)

PHÉNA

Suis-je belle ? Regarde-moi bien.

LA PETITE

Oh! oui, tout à fait belle.

PHÉNA

Comme quoi ?

LA PETITE

Je ne sais pas, moi. Oh! oui, comme un verger d'automne, comme les belles pommes rouges et bien mûres qui tombent, qui tombent, et qu'on emporte au pressoir.

PHÉNA
Petite, regarde-moi bien. Suis-je belle

LA PETITE
Prenant la main de Phéna et la baisant cordialement.

Oh! oui, tout à fait belle.

PHÉNA
Belle comme quoi encore?

LA PETITE
Belle comme tout!

PHÉNA
Que tu es sotte! Sais-tu à quoi je me compare, moi? A une louve, à une belle louve aux yeux sanglants, aux dents aiguës et blanches, — oui, à une louve!

LA PETITE
Vous me faites peur!

PHÉNA
Si tu as peur, tais-toi! Pour qui ces fleurs?

LA PETITE

Pour Phénissa.

PHÉNA

Donne-les moi.

LA PETITE

Oh! non, c'est pour Phénissa. D'autres, si vous voulez, toutes les autres, mais celles-là, c'est pour Phénissa.

PHÉNA

Insupportable petite mauvaise tête! Tiens, va-t'en, toi et tes fleurs.

(La petite s'éloigne. Au même instant, la trompe du guetteur se fait entendre au haut de la tour : Phéna sursaute, les conversations et les jeux se taisent ; toutes les femmes s'avancent et bientôt crient :)

Le voilà! Le voilà! Oh! comme il court! Il court comme le vent.

(Phéna se lève, puis se rassied, quand le messager paraît. Deux femmes descendent vers lui, essuient la sueur de son front, lui font boire un cordial, puis l'amènent devant Phéna.)

PHÉNA

Tu les as vus?

LE MESSAGER

Je les ai vus. Ils ne sont pas loin maintenant, mais les chemins sont mauvais, leurs chevaux sont fatigués et la chaleur les incommode.

PHÉNA

Phénissa doit être bien lasse. Un si long pèlerinage! Des bords du Rhin à Saint-Jacques de Compostelle! Elle doit être pâle, malade, peut-être? Elle doit être devenue laide. Le soleil l'aura hâlée; je la vois, le visage tout couvert de taches de son, la peau brûlée...

LE MESSAGER

Nullement. Elle est fraîche comme la rosée.

PHÉNA

Ah! Et le prince Phébor? Il doit être vaillant comme au premier jour!

LE MESSAGER

Nullement. C'est lui qui est pâle et

las; son regard a été un peu triste, mais sa bouche m'a souri.

PHÉNA

Sa bouche doit être amère. Les fruits verts sont amers... Enfin, tu l'as vu et il va revenir. Maintenant, répète-moi ses paroles, les paroles de salutation qu'il m'adresse.

LE MESSAGER

Il n'a rien dit.

PHÉNA

Ah !

LE MESSAGER

Il m'a souri, et voilà tout. Mais Phénissa m'a dit : « Tu baiseras pour moi la main de ma mère. »

PHÉNA

Voici ma main, fille révérentieuse. (*Le Messager s'agenouille et baise la main que lui tend Phéna.*) Qu'on traite le messager comme un favori. Allez, toutes, j'attendrai seule l'arrivée de mes enfants.

LE MESSAGER

Ils seront ici avant le coucher du soleil.

(Les femmes de Phéna s'emparent du messager et amoureusement lui font fête. Elles chantent, en se retirant avec lui :)

> Les sirènes
> Etaient trois reines,
> Chacune a choisi son roi.
> Les sirènes
> Etaient trois reines,
> Choisis ta reine, ô messager!
>
> Les sirènes
> Etaient trois reines,
> Choisis ta reine, ô messager!
> Les sirènes
> Etaient trois reines,
> O messager, sois notre roi!

PHÉNA

Prince Phébor, sois mon roi! Sois toujours mon roi, comme jadis! Jadis!

Quelques semaines ont fait du glorieux passé un jadis... (*Elle se dresse, inquiète.*) Non, je suis bien seule et nul n'a pu m'entendre, nul que lui, peut-être, à travers les champs, les vergers et les prés, à travers les arbres, à travers les rochers, à travers tout l'obstacle que j'érigeai moi-même entre nous deux, — l'autre, elle, Phénissa, ma fille! Si son oreille, pendant qu'il approche, se tend vers mes paroles; si sa bouche est amère d'avoir mâché le fruit vert; si son cœur est las d'un amour trop léger; s'il n'a pas osé envoyer à cette main qui tremble d'amour et du souvenir des anciennes caresses le baiser du retour, le rêve de l'absent, le signe qui exorcise la largeur des espaces et la lenteur des heures, si ses yeux ont la gaieté un peu triste des yeux qui désirent leur vraie lumière et qui la craignent; si sa bouche tant amère a souri tout de même, — oui, peut-être qu'il a entendu mon cri, le prince Phébor!

(Un mendiant s'approche, ôte son bonnet, et en bas du perron s'agenouille, humble et accablé, la main tendue.
Mais à mesure que Phéna parle et s'encolère, le Pauvre se redresse.)

PHÉNA

Des pauvres, ici? Va-t'en aux cuisines, misérable! Des pauvres, ici, dans la richesse de mon domaine, la robe pouilleuse séparée de ma robe princière par douze marches de marbre, douze, seulement! Des pauvres! Il n'y a pas de pauvres. (*A ce moment, le mendiant est debout et il se couvre.*) Les pauvres insultent à ma domination et à la paix de mon opulence. Je ne veux pas régner sur des pauvres! Qu'ils crèvent de faim, et hors du cercle de mon regard! Va-t'en, misérable, tu me fais honte. Tu sais qui je suis, mais sais-tu bien ce que je suis?

Les hommes et les siècles, les éléments et les forces, la nature et les lois travaillent pour moi depuis le commencement du monde et ne travaillent que pour moi. Je suis le résumé de toutes les larmes, de tous les efforts et de tous les cris. Tout converge vers moi, reine et maîtresse des hommes et des choses. Je suis parfaite et rien d'imparfait ne doit vivre sous moi. Les pauvres contredisent mon harmonie, ils sont coupables. Va-t'en crever et que je ne te voie plus ramper, pou, sur la robe de soie et sur la nacre de la peau élue pour les amours royales... Mais, tiens, je suis bonne aujourd'hui, parce que ma joie est en route, je te l'ai dit, va-t'en aux cuisines. C'est l'heure de la pâtée des chiens...

LE PAUVRE

Il s'éloignait. Il s'arrête, se retourne, fixe un instant les yeux sur Phéna, puis s'en va, agitant son bâton et fredonnant :

Quand les rats mangèrent la louve,
La lune fut couleur de sang,
Couleur de sang,
Et les crapauds dansaient en rond,
Dansaient en rond,
Quand les rats mangèrent la louve,
La louve!

PHÉNA

Quel sale pauvre! Il doit être dangereux... (*A ce moment, la trompe sonne encore au haut de la tour.*) C'est lui, c'est mon Phébor! (*Elle se lève, agitée, criant:*) Venez! Venez!

(Les suivantes arrivent, se disent les unes aux autres :)

Les voilà! Les voilà!

(Toutes portent des fleurs, des couronnes, des chapels de roses, mais c'est la Petite qui tient, très fière, le plus gros bouquet.
En même temps, des hommes d'armes et des valets se rangent au pied du perron, et Phébor paraît, à cheval, tenant en main la bride d'un autre cheval, houssé de blanc et sellé d'une selle de femme, une sorte de panier

PHÉNA

se précipite à la rencontre de Phébor, lui saisit la main qu'elle baise avec passion.

Te voilà donc, ô Phébor! Je défaille de joie. Tu es seul? Tu es donc seul?

PHÉBOR

Il descend de cheval et s'agenouille pour porter à ses lèvres le bas de la robe de Phéna. Puis tous deux montent les degrés du perron.

Je n'ai pas perdu votre fille en route, Madame. Je l'aime trop pour cela. Tenez, la voici.

(*Paraît Phénissa, menant le pauvre par la main.*)

PHÉNISSA

Je l'ai trouvé près des cuisines, mère, et les chiens aboyaient après lui. Alors je l'ai fait boire et je lui ai donné de quoi vivre un jour. Quelle bénédiction pour mon retour! Je suis contente. (*Au mendiant:*) As-tu assez? Tiens, voilà de l'argent, tiens!... Ah! je n'ai plus rien, tu reviendras. Tu seras mon pauvre, à moi, à moi toute seule, et tous tes frères sont mes frères.

PHÉNA

Elle aime donc toujours les pauvres?

PHÉBOR

Oui, elle aime les pauvres.

(Les suivantes descendent empressées vers Phénissa, en répandant sur les marches des fleurs effeuillées, puis la conduisent à Phéna, qui la baise au front, selon le cérémonial.)

DEUXIÈME ÉPISODE

(Une salle du palais.)

PHÉNA

Eh bien, elle est ta femme?

PHÉBOR

Le rôle d'un mari n'est pas celui d'un gardien de la virginité.

PHÉNA

Elle est ta femme et tu l'aimes?

PHÉBOR

Me l'as-tu donnée pour l'aimer ou pour la haïr?

PHÉNA

Pourquoi donne-t-on un joujou à un enfant?

PHÉBOR

Pour qu'il s'amuse avec. C'est ce que j'ai fait. Et le joujou s'est amusé autant que l'enfant. Innocente, mais sans pudeur. Vous ne lui avez donc pas appris la pudeur?

PHÉNA

Je comptais sur vous.

PHÉBOR

Rien n'est fatigant comme une femme sans pudeur. Vous auriez dû la dresser.

PHÉNA

C'est bien assez de l'avoir mise au monde.

PHÉBOR

Mauvaise mère!

PHÉNA

Mauvais amant!

PHÉBOR

Je ne suis plus votre amant.

PHÉNA

Tu es mon amant — pour l'éternité. Les forts aiment les forts. Les riches aiment les riches. Les princes aiment leurs égaux. Tu ne peux aimer que moi, tant que ton désir sera royal et tant que tu seras Phébor. Les enfants aiment les enfants. Laisse donc Phénissa choisir un page.

PHÉBOR

Quand je serai fatigué.

PHÉNA

Mais c'est à moi que tu dois ta force! Vous tirez vos flèches sur les mouches, pendant que le cerf vient boire à vos pieds. Phénissa! Il te faut bien longtemps pour manger deux prunes vertes! Reviens donc à l'arbre fécond en fruits mûrs et à la femme féconde en plaisirs. La joie

d'aimer et de mordre pend à toutes mes
branches et le parfum des fleurs s'y mêle
à l'odeur des vendanges. Je suis le luxe
d'une éternelle luxure et ma vie est un
perpétuel épanouissement. Je te l'ai
donnée, elle, pour que tu la manges en
intermède, repos au milieu du repas,
mais c'est à ma chair que tes dents ap-
partiennent et seul mon sang a le droit
d'apaiser ta soif de mâle, et seul il en a
le pouvoir !

PHÉBOR

Laisse-moi m'amuser encore un peu !

PHÉNA

Non, tu as joué assez avec ce néant. Tu
n'entreras pas plus avant dans l'obscurité
de l'avenir et tu n'iras pas semer dans le
champ de demain des herbes qui fleuri-
raient peut-être. Demain ne te fait donc
pas horreur que tu en peux supporter
l'image et aimer le symbole ? Tu veux

donc qu'après t'avoir arraché la langue
on boive dans ton verre? Tu veux léguer
tes joies, en les pleurant? Donne-les,
maintenant, en les méprisant. Jette l'a-
gnelle à peine dépucelée au naïf baiser
d'un jeune loup et qu'il crève en la dévo-
rant, — mais n'attends pas que, riche de
ta vie, elle se couche sur ta tombe pour
y ouvrir au railleur funèbre la somptuosité de son sexe. Tu ne hais donc plus
ceux qui te survivront?

PHÉBOR

Je les hais. Je veux que tout finisse
avec moi, — mais pas encore!

PHÉNA

Non, pas encore. Pas encore! Tu con-
sens donc à mourir, — comme si je
n'avais pas le secret de la vie?

PHÉBOR

Nul n'a le secret de la vie.

PHÉNA

Les jeunes herbes étouffent leurs mères. Si les jeunes herbes étaient détruites dans leurs graines, ou les graines dans la terre, ou si les jeunes pousses étaient rasées à mesure que pointe leur insolence, — les mères seraient éternelles. Nous sommes les mères, Phébor, et plus que des herbes, hautes et mûres. Nous sommes des êtres volontaires et libres, — et nous pouvons étrangler l'avenir.

PHÉBOR

Etrangler l'avenir !

PHÉNA

Donnons l'exemple à nos pareils

PHÉBOR

Je ne suis pas prêt.

PHÉNA

Que te manque-t-il?

PHÉBOR

La puissance d'un motif capable d'exalter mon bras.

PHÉNA

C'est la haine qui te manque? Je te plains.

PHÉNA

Ce n'est pas la haine qui me manque, — mais j'ai pitié.

PHÉNA

De toi-même?

PHÉBOR

De Phénissa.

PHÉNA

Je ne te l'ai pas donnée pour que tu en aies pitié.

PHÉBOR

Pourquoi donc me l'as-tu donnée, — ta fille?

PHÉNA

Pour que, l'ayant aimée, tu aies le droit de la tuer,

(Elle sort.)

PHÉBOR

La tuer? Il y a des mots que je n'aime pas. Ils sont trop clairs. Tuer! Oui, tuer, c'est vivre. On ne peut vivre sans tuer, — et peut-être qu'à force de tuer on gagne la vie. Mon corps et tous mes membres, et mes yeux, et ma bouche, et mes oreilles, c'est du sang qui les a faits, — et je sens qu'en mes veines il me coule une âme de sang, une pensée de sang. A boire! J'ai soif de toute l'essence de la vie et de la pourpre de toutes les artères! Triste vampire, à quoi bon? Non, mais si c'était vrai qu'en écrasant les petits on fortifie les mères, — qu'en étouffant l'avenir, on éternise le présent? Peut-être. J'aime à croire cela, car l'avenir me cause une telle horreur qu'il m'empêche de jouir de la bénédiction des choses. L'avenir : que l'indignité d'autrui se roule sur le tapis de mes plaisirs, et savoir monnayée en de sottes mains la gloire de mon égoïsme royal! Ah! l'avenir, si on pouvait le tenir et le percer au cœur ou l'étrangler, sans bruit, — pour que Dieu ne s'en aperçoive pas.

(Entre Phénissa.)

L'avenir, la jeunesse, l'enfance, la perpétuité! L'avenir, — le voilà.

PHÉNISSA

Oui, la voilà!

(Elle court à Phébor, saute sur ses genoux, le caresse, enfantine et amoureuse.)

Vilain, qui m'a laissé dormir si tard! J'ai les yeux rouges. Baise-les, mes petits yeux. Un — deux! Encore! Non! Je suis fâchée.

PHÉBOR

Phénissa, quel âge as-tu?

PHÉNISSA

Sot, est-ce que j'ai un âge? Est-ce que les fleurs ont un âge? Est-ce que les lys ont un âge! Ils sont fleuris ou défleuris, voilà tout. Moi, je suis fleurie. Je me sens fraîche comme un lys, parfumée comme un lys. Je suis un lys plein de rosée qui s'ouvre au soleil du matin. Oh! que je suis donc bien fleurie.

PHÉBOR

Illusion! Tu n'es qu'une feuille verte.

PHÉNISSA

Jaloux! Oui, tu as l'air jaloux de ma jeunesse. Pourtant elle est à toi. Toute ma blanche peau est à toi. Oh! J'ai envie de me mettre nue! Je t'aime!

(Elle ouvre sa robe et, demi-dévêtue, recule en tendant les bras à Phébor, qui la poursuit jusqu'au fond de la salle.)

Toute nue, toute! Mets-moi toute nue. Le lys n'a d'autre robe que sa beauté.

★

(Elle pousse une petite porte et se sauve en rattachant sa ceinture.)

PHÉBOR

Je me suis encore laissé prendre à l'odeur de la feuille verte. Phénissa! Sa jeunesse est peut-être un cordial. Elle me réconforte comme du vin frais, — elle me réconforte jusqu'à l'ivresse. Ah! mais j'en ai trop bu! Mes jambes fléchissent. Cordial, d'abord; ensuite, corrosif. Mon cerveau bouillonne comme de la craie dans du vinaigre. Tout ce voyage, toute cette fatigue... Moi, j'ai un âge. Quarante ans? Et combien avec? Et beaucoup avec. On ne peut pas savoir. Il n'y a pas de calendrier, ici. Phéna les a brûlés, tous, et elle fait chasser les colporteurs... Singulier cordial qui empoisonne ma force!... Les jeunes herbes étouffent leurs mères, — à moins que les mères n'étouffent les jeunes herbes. Ma pareille et ma sœur, Phéna, tu as dit vrai... Mais j'aime! Qui? J'aime Phénissa. Qui? J'aime Phéna. La petite, d'abord? Oui, dans l'incohérence de ma sénilité, hâtive. Poison nouveau qui m'est plus cher que les vieilles habitudes de ma chair. Je t'aime, fillette, — mais pourquoi as-tu ce signe trop jeune sous l'étoffe de ton corsage, ces riens de seins que mon baiser écrase! et qui n'emplissent pas ma main? Et, surtout, cette impudeur d'enfant qui s'amuse, sans jouir, du plaisir donné? L'impudeur, libéralité de ceux qui n'ont rien, générosité de ceux qui promettent... Jolie, oui! jolis yeux, jolis gestes, élégance de la chevrette et fraîcheur de la couleuvre... Des promesses! Phéna donnait. Phéna donnera encore. Phéna doit donner toujours... Et pourquoi pas les deux, celle qui pose sur mes épaules ses pattes d'oiseau et celle qui m'enveloppe d'une chaleur d'ailes ; — la génisse et la taurelle ; — la fille et la mère !... Non, je m'épuise à trop vouloir. Il faut choisir, et qui? sinon ma sœur et ma pareille. Je veux jouir de mes pareils, c'est-à-dire de moi. Ni enfants, ni vieillards, ni pauvres, ni empereurs, ni valets, ni papes, — mais ceux dont l'âme, par son cri, fait vibrer en moi la même corde de viole... Ah! je m'entendais bien avec Phéna. Nous ne parlions ni d'hier, ni de demain, — ni surtout de demain. Nous étions l'heure présente qui se suffit à elle-même et qui évolue dans le cercle de la jouissance immédiate, — c'est-à-dire absolue. Demain? Demain, c'est la faiblesse, c'est le second balbutiement, c'est la mort. Je ne veux pas qu'on me survive. Phéna, tu as caressé l'endroit sensible, tu as chatouillé jusqu'à mes moelles! Tu as écrit ta pensée sur ma peau, ta pensée et ta volonté, — à l'endroit et à l'envers :

que la fille meure, et vivons de sa vie, — nous, les mères.

Nous, les mères! Il me semble que je suis mâle et femelle, quand j'ai dit : nous, les mères! Il me semble que je prédomine la vie et que je puis la jeter en pâture à la mort, comme un mauvais esclave. Il me semble que je puis écraser l'œuf éternel, comme un nid d'œufs de fourmis, et que je puis stupéfier la fécondité, fêler les matrices, et d'un de mes regards de haine pétrifier dans son canal le jet hideux du sperme. La Vie ? non. Ma vie. Que rien ne reste de moi que mon inféconde pourriture, — et que rien ne me survive que le désespoir de vivre. Je voudrais abraser la terre et n'y laisser que des chaumes, — tondre le monde comme une brebis. L'avenir, l'herbe qui pousse sous les gerbes, l'herbe qui reverdit sous le foin fauché, le nid qui s'envole, le bourgeon qui se gonfle — avec une épouvantable certitude : mais si on coupe la branche ?

Il faut couper la branche. J'en ai sucé le miel nouveau. Il était doux, il était fort : il était trop fort pour moi. Les sucs jeunes ne valent rien : je couperai la branche.

(Rentre Phénissa. Doucement, après avoir baisé Phébor, elle s'assied, les mains croisées sur ses genoux, le regard vague.)

PHÉBOR

Oh ! ces yeux qui regardent on ne sait où, ces yeux qui semblent voir plus loin que les choses ! Phénissa, que regardes-tu ?

PHÉNISSA

Rien.

PHÉBOR

Où regardes-tu ?

PHÉNISSA

Loin, loin, loin ! Vers des années, vers des siècles où toutes les créatures seraient heureuses comme je suis heureuse, où les femmes ne connaîtraient que les sourires et les hommes que les caresses, où les fils des pauvres d'aujourd'hui marcheraient dans la vie tels que des seigneurs, — et où le fouet aurait changé de mains...

PHÉBOR

Charmant cœur !... Mais alors tous les hommes ne seraient pas heureux ?

PHÉNISSA

Ceux qui le sont aujourd'hui ne le seront pas demain.

PHÉBOR

Il seront morts. Tu seras morte.

PHÉNISSA

Je ne mourrai pas. J'ai de la vie, j'ai de l'éternité, là, dans mon ventre.

PHÉBOR

Un coup de faux tranche plus d'un épi.

PHÉNISSA

Un épi est la semence d'un sillon et un sillon est la semence d'un champ. Il y a un épi, il y a un sillon, il y a un champ de blé en moi : voilà pourquoi je suis heureuse.

(A ce moment la trompette sonne au haut de la tour. En même temps entrent Phéna et les femmes de Phéna et de Phénissa.)

PHÉNA

Voici encore vos pauvres ! ils auront appris votre retour.

LA PETITE

Ils y en a tant, ils couvrent les avenues et les cours, ils ont l'air joyeux, ils chantent. Les entendez-vous pas ?

(Elle ouvre la fenêtre. On entend :)

Quand les rats mangèrent la louve,
La lune fut couleur de sang,
Couleur de sang,

Et les crapauds dansaient en rond,
Dansaient en rond,
Quand les rats mangèrent la louve,
La louve !

PHÉNA

Puisqu'il vous obéissent, allez les chasser !

PHÉNISSA

Ils m'obéissent et ils m'aiment. Je les renverrai quand ils auront mangé et quand ils seront contents.

TROISIÈME ÉPISODE

(La chambre de Phébor, la nuit.)

PHÉBOR

Elle dort et j'ai été tenté. Et déjà je l'étais pendant qu'elle me regardait avec ses yeux de songe, ces yeux qui cherchent la vie au-delà des tombes... Ah! enfant bonne à étrangler, ferme tes yeux! Elle les a fermés. Elle dort. — Tantôt elle me faisait presque peur, avec ses blasphèmes... Colère d'enfant ou d'esclave qui croit que la joie se promène dans les jardins ou sur les routes! Oui, peut-être, mais ni les enfants, ni les esclaves ne franchiront les murailles du présent. —

et ils périront, tels qu'ils sont nés, enfants ou esclaves, car il n'y a rien, il n'y aura jamais rien que le présent et les vivants écraseront à perpétuité les progénitures de l'Idée, ces larves. Nous, maintenant, et après nous le néant, — et tu ne jouiras pas de respirer après moi, Ironie !

Délivre-moi de la peur, Phéna ! Délivre-moi du futur, Phéna ! Délivre-moi de la promesse, Phéna ! Donne-moi un fruit mûr, donne-moi une rose épanouie, et coupons le rosier par le pied, — afin d'humilier le printemps.

(Parée pour la nuit, la gorge et les bras nus, les reins ceints d'un voile qui retombe jusqu'à ses pieds, Phéna entre et s'arrête au seuil.)

PHÉBOR

Impérial succube, que me veux-tu ? que viens-tu me demander ? que viens-tu m'offrir ?

PHÉNA

Tout le jadis et tout le présent.

PHÉBOR

Ah! Phéna!

(Ils s'avancent l'un vers l'autre et se baisent sur la bouche.)

PHÉBOR

Oh! tu es vraie, toi! Tu es le maintenant, et non le demain, l'être et non le peut-être. Tu es l'immobile éternité.

PHÉNA

Je suis la honte du possible.

PHÉBOR

Oui, car tu es vraie. Oh! tu es vraie, toi! Là, le front qui domine les rêves morts comme un roi seul debout au-dessus du carnage des vaincus! Là, les nobles cheveux qui ont entravé les jambes du désir et qui l'ont enchaîné dans les étables de la joie! Là, les yeux dont l'ardeur a fondu comme un jet de foudre l'épée du prince futur! Là, les lèvres qui ont bu tout le calice, et la langue qui n'a pas oublié une parcelle de la vie, et les dents qui ont brisé comme un os, pour en arracher la moelle et l'abominable secret, le sceptre d'or du fastueux espoir ! Là, le cou qui s'est gonflé de haine et qui a brisé son collier ! Là, les épaules assez fortes pour assumer comme un jeu le poids du réel, où succombent les lâches ! Là, les bras adorables qui ont captivé l'illusion et les courageuses mains qui lui ont arraché la langue ! Là, les divines mamelles, dieux femelles, allégresse de mon humanité, indéniables plaisirs, évidences formelles, trésor de la sensualité animale, négation du rêve, certitude manuelle, ô beaux fruits, ô réconfort de ma bouche, chaleur de mon sang, fraîcheur de mon front, ô belles fleurs, fleurs ouvertes, parfum vital, roses ! Là, les hanches et les reins, assises du monde, fondations de la vérité ! Là, les genoux qui n'ont jamais plié, les jambes qui n'ont jamais reculé vers la prière, les pieds qui n'ont jamais marché vers l'espérance ! Là, le centre même du monde et la vérité elle-même, la caverne redoutable et sacrée, l'abîme qui n'engendra qu'une fois pour engendrer la mort !

★

PHÉBOR

Vraiment, je la hais, depuis que je t'ai retrouvée.

PHÉNA

Tu as puisé en moi : je suis un puits de haine.

PHÉBOR

Oui, je suis tout ruisselant de haine !

PHÉNA

Ah ! la belle et tragique et somptueuse et douloureuse et consolante nuit où la délivrance fut conçue ! Car j'ai conçu dans tes bras, Phébor ! Un frisson spécial et unique me l'a dit. J'ai conçu, j'en suis sûre, et, en négation des lois de la nature, j'accoucherai quand tu voudras.

PHÉBOR

Mes mains seront le forceps !

PHÉNA

Ah ! donne, que je les baise, ces mains qui vont étrangler l'avenir !

PHÉBOR

Oui, j'étranglerai l'avenir, les possibilités encloses dans l'espoir, les peut-être qui dorment dans la coquille de l'œuf. Nous assassinerons la Rédemption. Le sommeil ne se réveillera pas. Toute la lumière tombée dans les yeux violets de la jeune amoureuse, nous la dessécherons comme un marais trop noblement pestilentiel pour la délicatesse de notre haine. Nous la dessécherons comme un ruisselet, en la buvant ; comme un fleuve, en la détournant vers l'océan de la nuit par une route sûre, — et nous creuserons ce lit nouveau dans le roc et dans l'imperméable glaise, — et la gloire de demain tombera de l'autre côté du monde!

O joie de tuer la féconde et aimable bête! O joie d'écraser les innocents scarabées qui grimpent aux feuilles des fougères, — et de respecter les vipères et de s'en faire des bracelets!

Elle n'est rien...

PHÉNA

Qui?

PHÉBOR

Phénissa.

PHÉNA

Rien?

PHÉBOR

Non, elle n'est rien, elle est le futur, la beauté de demain, l'amour de demain, la vie de demain!

PHÉNA

La vie de demain ! Tue, tue ! L'oblation de sa vie engraissera la genèse de mes fureurs. Nous l'enterrerons au pied de notre amour, sous les racines du chêne, et des glands nés de cette chair révolue, nous ferons de sacrilèges hosties, d'inimitables pains de réconfort, de puissance, de vie, — et peut-être d'éternité.

PHÉBOR

C'est le philtre qu'il nous fallait.

PHÉNA

Nous serons si forts que les siècles vaincus viendront nous baiser les pieds.

PHÉBOR

Je songe... Je songe... En elle je tue des générations... Comme elles sont nombreuses ! Son fils, aux yeux volontaires et doux, avec un signe à la joue ! Sa fille, aux cheveux blonds tout bouclés, avec une petite bouche rose et un joli sourire !

Le fils de son fils, violent dès son enfance, avec le geste orgueilleux de relever le front! Le fils de son petit-fils, pensif et les yeux toujours ouverts vers le mystère, — comme elle!... Que de générations! Elles sont trop nombreuses : je ne vois plus qu'un champ de têtes blondes et une faux immense et sûre, qui fauche!...

PHÉNA

Que de vies en une seule, et quelle libération! Toutes ces puissances futures qui nous pressaient de vivre pour vivre à notre place, tous ces désirs obscurs qui comptaient nos heures et guettaient, pour s'y accoupler, le silence et le deuil de notre lit, toutes ces hideuses énergies, toutes ces hypocrites têtes blondes, tu les fauches, Phébor! — ô solide et invincible faucheur! Va, mon Phébor, ne rêve plus, agis! Etrangle-la doucement, comme lorsqu'on étouffe une conscience.

QUATRIÈME ÉPISODE

(Le soir. — Une salle du palais, éclairée par une faible veilleuse. — Entre Phénissa, les bras pleins de roses.)

PHÉNISSA

Oh! comme c'est noir, ici! Comme c'est froid! Comme c'est vide! Où sont-ils? Où est-il, lui? Il me délaisse, toutes les nuits, et je ne le vois pas de la journée. Il ne m'a pas embrassée une fois, depuis tel soir lointain où mon désir vainquit son ennui... Pourquoi est-il si sombre et si muet? Le remède? Il n'a qu'à m'aimer comme je l'aime, — surtout depuis que ses baisers ont fait fleurir ma chair! Ma jeunesse va s'épanouir, je vais être féconde, je vais donner au monde une vie nouvelle. Il me semble que je suis le premier anneau d'une longue chaîne d'amour, si longue qu'elle enlace les arbres et les montagnes, si longue qu'elle traverse les déserts, les fleuves et les mers, — une longue chaîne d'êtres heureux et fiers ! Je me sens la créatrice d'une race inconnue et formidable, moi, toute petite, moi l'enfant initiée à peine, je me sens devenir la mère d'une lignée de géants. Sors de moi, fils prédestiné, et, fécond à ton tour, va féconder les matrices qui attendent leur maître ! Je voudrais qu'il fût sorti, je voudrais qu'il fût grand déjà et déjà en toute sa force, car sa mission est lourde : il doit pacifier les hommes. Mais il affligera les cœurs durs et il réjouira les affligés. Fils de la charité, il sera la justice. Ils le savent bien, eux, les miens, ceux que j'ai choisis entre les plus laids et entre les plus affamés, et quand les pauvres me baisent la main, ils regardent mon ventre, et quand ils mangent leur pain, ils pensent à mon fils, l'Avenir! Oh! viens, créature de l'universel désir, réalise-toi par moi, et s'il te faut tout mon sang pour vivre, dessèches mes veines!...

Quel bruit?... Non, rien. Quel silence! Comme je suis seule! Je me trouve mal... Quelle tristesse, quelle nuit! Je me trouve mal... Non, je suis lasse, seulement, mais si lasse qu'il me semble que je tombe, que je roule, que je m'en vais vers un abîme... J'ai cueilli trop de fleurs. Où sont-elles? Je ne vois plus rien. J'ai cueilli trop de roses... Il me semble qu'on me cueille aussi, comme une rose... Je sens un arrachement...

(Entre le Pauvre)

Qui est là? Toi? C'est vrai, je t'ai promis une aumône, je t'ai dit de venir ce soir... mais je ne sais plus...

LE PAUVRE

Viens, Reine, viens! ils t'attendent, ils sont là, tous. Ils veulent te voir, ils ont peur, ils ont des pressentiments, ils se disent des choses entre eux... Ils t'emmèneront, viens, tu seras leur Reine, viens! N'as-tu pas peur, toi aussi? N'as-tu pas peur de mourir?

PHÉNISSA

Oui, tout d'un coup j'ai senti cela, j'ai peur, j'ai peur de mourir...

LE PAUVRE

Viens vivre! Viens réaliser la prophétie! Ecoute ce qu'a dit la Voix:

» En moi germe la haine des humiliés et j'ai des dents aiguës.

» Je rognerai leur gloire et leur état d'être heureux : la certitude des mâles retombera dans la ténèbre des glabres.

» Le sang illuminera mon étendard blanc. »

Viens réaliser la prophétie.

PHÉNISSA

Oui, va leur dire que je suis leur Reine. Qu'ils viennent me chercher, qu'ils viennent tous !

LE PAUVRE

Tu réaliseras la prophétie : « Le sang illuminera ton étendard blanc ».

PHÉNISSA

Non, pas de sang sur mon étendard, pas de sang sur mes mains ! Je ne suis pas cruelle, — non ! mais j'absous votre cruauté si elle sauve celui que je porte, le prince futur. Va leur dire qu'ils viennent, je suis leur Reine !

(Le Pauvre s'en va.)

Reine des Pauvres, Reine de ceux qui n'existent qu'en puissance et en volonté, Reine de ceux de demain, Reine de la forêt naissante qu'engraissera la pourriture des vieux troncs éventrés, Reine de la jeunesse, de la vie et de l'avenir ! Peuple des misérables, mon cœur faible bat pour ta souffrance avec la force et la majesté d'un océan. Vogue sur l'océan de mon cœur, peuple triste, vogue parmi la tempête vers le continent que rougit la pourpre d'une aube adorable, vogue ! Ta douleur est l'insubmersible radeau que nulle vague n'engloutira jamais, — d'entre l'écrasement des avalanches et d'écume elle resurgit, elle vogue vers l'avenir ! Vogue, peuple des misérables !

Phébor, mon maître, adieu ! Père inconscient du futur, adieu ! Présent qui as fécondé le lendemain, adieu !

Que se passe-t-il en moi ? Quelle est la voix qui parlait en moi ? Où suis-je ? J'ai peur ! Oh ! mes mains tremblent, mes jambes tremblent !... Il me semble qu'un vent froid passe sur moi... Où suis-je? Ah! le vent m'emporte, le vent m'emporte dans les espaces.

(Entre Phébor.)

Phébor, soutiens-moi!

PHÉBOR

Il la reçoit dans ses bras et l'étrangle.

Là, là! Elle est morte bien doucement, comme une perdrix blessée qu'on achève... C'est fait... Elle est venue au devant du lacet... Où vais-je la mettre?... Dans ce coin-là...

(Il la couche, puis la traîne par les cheveux.)

Elle est lourde... Oh! oh! Son ventre est énorme!... Elle ne mentait pas, elle était grosse. De moi! Bien, je reprends mon sang, je bois le vin que j'avais versé dans son verre... Des fleurs! Pourquoi toutes ces fleurs? Des roses, des roses, des roses... Ainsi, je viens de la tuer... C'est fait. Quoi? Qu'ai-je fait? Rien. Elle était morte, quand j'ai serré son cou, un peu trop fort... Ce n'est pas moi... Pauvre enfant !

(Il prend des roses et les jette sur elle.)

Elle a remué ! J'ai vu ses doigts se mouvoir comme pour prendre une des roses...

Son ventre aussi, son ventre s'agite...

Ah ! criminel imbécile qui n'a pas su tuer du premier coup !...

(Il arrache de sa gaîne une des épées qui pendent aux murs.)

Lâche qui n'ose pas recommencer !... Lâche qui reste à moitié du crime !... A-t-elle remué vraiment ?... Oui, elle remue !...

(Il lui perce le cœur, puis le ventre.)

Ah ! le sang, quel philtre ! La vue du sang m'exalte ! Voilà les roses blanches devenues toutes rouges ! Ah ! les belles roses rouges !

(Des voix, dehors, chantent.)

Les sirènes
Etaient trois reines,
Chacune a choisi son roi.
Les sirènes,
Etaient trois reines,
Sois notre reine, ô Messagère!

PHÉBOR

Qui chante en ce moment, en un tel moment, quand l'œuvre vient de s'accomplir, quand la fécondité vient d'être niée, quand le désir gît dans son sang, quand l'avenir vient d'être étranglé, quand le présent triomphe, quand Goliath a égorgé David? Quelle est cette chanson stupide? Chante, peuple hideux, la Messagère est morte!

(Entre Phéna.)

PHÉNA

O Phébor, gloire à toi! honneur à toi! amour à toi! Tu as délivré le monde de la tyrannie de l'espoir.

(Entre le Pauvre.)

PHÉNA

Le Pauvre! Phébor arrête-le, tiens-le!

(Courant à la porte et criant :)

Le Pauvre a tué Phénissa! Venez, venez!

(Pendant que Phébor, après une courte lutte, écrase sous son genou le Pauvre que l'épouvante paralyse, entrent les femmes, qui s'empressent en gémissant.)

LES SUIVANTES

O Phénissa! O Phénissa! O Phénissa!

LA PETITE

Elle a recueilli toutes les roses et les épand sur la morte.

O Phénissa, c'est donc encore à moi de saluer par des fleurs la nouvelle épouse, — ô Phénissa, entrée dans le lit de la mort!

LES SUIVANTES

Dans le lit de la mort, ô Phénissa!

LA PETITE

O Phénissa, qui nous aimais, qui nous

baisais si tendrement que tes baisers étaient des gouttes d'élixir!

LES SUIVANTES

Si tendrement, ô Phénissa!

LA PETITE

O Phénissa, qui aimais les malheureux et qui voulais la gloire des pauvres!

LES SUIVANTES

La gloire des pauvres, ô Phénissa!

LA PETITE

O Phénissa, tes humbles filles t'offrent les dernières fleurs, ô Phénissa!

LES SUIVANTES

O Phénissa! O Phénissa! O Phénissa!

(Des soldats et des valets entrent en tumulte.)

PHÉNA

Voici celui qui a tué Phénissa.

LE PAUVRE

Se débattant sous les étreintes.

Non, non, ce n'est pas moi. Voilà...

PHÉBOR

Bâillonnez-le pour l'empêcher de mentir.

Août-Septembre 1893.

LE FANTÔME

...Καὶ Θησαυροὺς ἀϐύσσου.

THÉOPHILE D'ANTIOCHE

PORTAIL

Aux matines de notre amour le ciel fut blanc et miséricordieux : les mamelles sidérales épandaient vers nos lèvres le lait très intègre du premier rafraîchissement, et vers nos yeux, les prunelles polaires, la grâce d'une lumière équivalente à la transparence de nos désirs.

Notre éveil avait été par des cloches qui sonnaient délicieusement en nos têtes et nous appelaient hors de nous : elles sonnaient en nos têtes et au-dessus de la ville, comme tous les jours, et cependant nous ne fûmes pas dupes de l'habitude des cloches crépusculaires. Nos âmes obéissantes et joyeuses se rendirent aux irrévocables matines : les corps frileux attendaient encore encapuchonnés de sommeil, inquiets, mais consolés au fond de leur chair par un espoir de réunion, et la solitude fut tolérable sous la grâce du ciel blanc et miséricordieux.

Verset. — Ta jeunesse s'est levée d'entre ses sœurs et elle est venue à moi. Je ne te connais pas, ô sœur, et ton essence me fait peur. Et pourquoi viens-tu toute nue ? Le corps est la pudeur de l'âme : va te vêtir, car tu confonds mon innocence et tu excites en mon essence la concupiscence de l'amour pur.

Répons. — Je veux baigner dans les eaux fraîches de ta pensée, ô sœur, la nudité de mon désir. Tu connaîtras mon essence si tu m'admets en ta profondeur. Laisse-moi : je tomberai comme une pierre tranchante sur ton sein à jamais blessé, et doucement j'irai au fond de toi et tu saigneras si haut que les hautes feuilles en seront éclaboussées d'amour.

Verset. — Pourquoi veux-tu faire saigner d'amour l'immatérialité de ma paix ? O sœur folle et cruelle, je n'ai ni sein, ni sang, et tu n'as ni tranchant ni pesanteur. Nous sommes plus intouchables que la trace de l'oiseau dans l'air et plus invisibles que l'odeur des roses. Je veux bien t'aimer ô sœur folle, mais va te vêtir, que je te voie !

Répons. — Mais tu es nue, pauvre âme, aussi essentiellement nue que moi-même, et tout n'est que métaphore. Si je revêts mon corps, que feras-tu de mon corps, et de quels yeux contempleras-tu mes yeux ?

Antiphone. — L'essence est essentielle et la forme est formelle, mais la forme est la formalité de l'essence.

Cantique. — Nous mettrons les sept roses aux sept clefs de la viole et l'arc-en-ciel sera les cordes.

Respire mon odeur, ô cœur, je suis odorante et mourante, la mort des roses en est la cause.

Respire mon haleine, ô reine, je suis amoureux et peureux, j'ai peur de ton bonheur, ô fleur !

Écoute mes soupirs, ô sire, mes soupirs ont brisé la viole aux sept cordes, mais j'en ferai sept autres avec mes sept désirs.

Écoute mes paroles, ô folle, tes paroles ont brisé les cordes de mon cœur, mais j'en ferai sept autres avec tes sept soupirs.

Regarde dans ma joie, ô roi, les fleurs

sont mortes, la viole est morte, tout meurt excepté toi.

Regarde dans mon ciel, ô belle, les sept couleurs sont mortes de joie, tout meurt excepté toi.

LE PALAIS DES SYMBOLES

La forme est la formalité de l'essence : nous acquiesçâmes à cet aphorisme antiphonaire que les voix célestes n'avaient pas nié et nous nous apparûmes réels, c'est-à-dire équilibrés selon l'objectivité la plus commune, mais non la seule.

Ce fut d'abord en un salon de hasard, parmi la cruauté des robes indiscrètes, et ce milieu nous faisait pâlir d'ennui. L'enfance y vagissait sous de blonds ou blancs cheveux et de pareilles joies vitulaires électrisaient les membres ingrats et ceux qui ne l'étaient pas encore ; des gens qui avaient assassiné leur conscience portaient un signe, une tache sanguinolente à l'endroit du cœur ; d'autres ne portaient aucun signe et cependant ils n'avaient pas été moins courageux. Cette impression nous fut pénible. Je dis à ma sœur :

— « Il leur reste la satisfaction du devoir accompli et la joie de se redire en secret que la perle sociale est toujours une perle, même en l'obscurité de sa coquille close. Le plaisir d'être un scélérat peut se savourer jusque dans le silence.

— « Non, ce n'est pas la même chose : les âmes viles jouissent surtout de l'ostentation de leur vilenie. Il leur faut l'estime à laquelle elles ont droit ; le silence et l'obscurité les rend inconsolables. »

Quand ma sœur eut parlé, je la pria

très simplement de me dévoiler son nom.

« Je suis pierre et fleur, je suis dure et parfumée, je suis transparente et charnue, je suis rude et je suis douce, je suis double et je suis une : ai-je dit pierre ou fleur, en disant Hyacinthe ? »

« O gemme de senteur, ô floraison adamantine et je ne sais quelle musique de paradis dans les syllabes fraîches, une volupté si délicate, des yeux si fraternels où le baiser s'alanguirait au charme de boire un merveilleux éther ! »

Nous regardions les jeux de nos pareils, si dissemblables de nos rêves, et sans nous targuer de la fierté triste des exilés nous éprouvâmes l'étonnement de l'antipathie.

— « Vous plaisez-vous à vivre ?

— « Oh! si peu! répondit-elle, si peu que je ne sais si je vis vraiment. L'uniformité des jours me décourage comme une séquence de notes en l'accord majeur des félicités nulles. J'ai rêvé d'une blessure qui tombait sur moi d'en haut, de très haut, et je remerciais la Douleur d'avoir pensé à mon cœur. Je fus touchée de ce choix accidentel, mais je vois bien que je ne suis pas élue.

— « La volonté du martyre est le martyre lui-même, mais pourquoi de tels désirs ? Jouissez de vos songes et de votre chair, et si quelqu'un dit votre nom avec amour, ne serez-vous pas joyeuse ?

— « Oui, d'avoir donné une joie, mais à qui ? Je voudrais, si j'aimais, d'exceptionnelles voluptés et aller si loin que l'éternité fût jalouse de ma floraison éphémère.

— « L'éternité n'est pas jalouse, elle est protectrice, et l'abri de sa permanence est ouvert à tout acte significatif : c'est le palais des symboles. Inaccessible aux vanités égoïstes du geste quotidien, impitoyable aux préventions négatives, son vantail accueille avec charité les esprits qui accueillent en eux l'Esprit d'amour. Et autour du palais, il y a des étangs d'une invincible stérilité : ceux qui ont dit non tombent là, et les fourmillements de la putréfaction même leur sont déniés ; ils deviennent le rien qu'ils voulurent, et les étangs sommeillent éternellement dans une invincible stérilité.

— « Palais sans parfums et sans fleurs ! Où sont les fleurs ?

— « Elles sont peintes sur les murs.

— « Elles sont mortes.

— « Elles sont vivantes, — comme des pensées ! »

Hyacinthe s'immobilisa selon l'idée qui agissait en elle. Debout parmi les ombres pâles d'une tapisserie, elle répéta ;

— « Elles sont mortes ! Elles sont peintes sur le mur !... Parfois il m'a semblé d'être peinte sur un mur, morte, ou vivante pas plus qu'une pensée fanée, et des apparences aussi mortes que moi passaient, passaient, — comme maintenant! Comme toujours, n'est-ce pas? Suis-je autre qu'une des ombres pâles de cette tapisserie morte? Ah! vous n'osez pas dire que je suis vivante? Vous ne l'oserez pas, si vous craignez le mensonge.

— « Le privilège de vivre! Mais vous seriez la seule, Hyacinthe, la seule entre vos pareilles! Vous ne vivrez qu'en celui qui vous aura fait souffrir, — et cela ne suffit pas toujours. O folle plus primitive que les déesses abolies, quelle ambroisie de divinité croyez-vous donc avoir bue par la naïveté de vos yeux bleus? Et même le Divin n'a pu vivre que par la souffrance et par la mort : il vint demander à la candeur barbare le crucifiement de ses chairs élues et que son sang vierge, sous les verges, les épines, les clous, jaillît comme au désert les eaux fraîches des roches attendries.

— « Je veux affermir l'ombre que je suis, dit Hyacinthe, je veux me vérifier et je veux m'exalter. Oh! le moyen, qu'importe, les ailes de velours de la Chimère ou le dos rugueux du Dragon? Mais, je veux, — quoi?

— « Abandonne-toi!

— « Oui! Et pourtant je m'aime, — si rien!

— « Tu es prédestinée.

— « Ne fais pas violence à ma volonté. »

DUPLICITÉ

Nous allâmes vers l'arborescence des piliers tordus dans la crypte. Eglise douce et discrète où nous entendîmes les enfantines voix de la salutation et les psalmodiements intérieurs de nos cœurs ! il y avait de l'ombre et des fleurs, des cierges et de l'encens, et un grand silence, un silence d'adoration et de peur lorsque sous les plis du suaire marqué de la croix la Victime se levait pour bénir.

— « Damase, me dit Hyacinthe, agenouillez-vous et soyez pénitent de mes fautes, puisque je dois vous appartenir :

ayez soin de mes fins dernières et qu'elles s'achèvent en conformité avec les lois de la rédemption.

— « Hyacinthe, je vous chargerai sur mes épaules et je vous déposerai aux pieds de la Miséricorde.

— « Tu me l'as demandé, — je m'abandonne.

— « Tout entière ?

— « Est-ce que je suis deux ?

— « Il y a la chair et l'esprit.

— « Je ne suis ni chair ni esprit, je suis femme et fantôme : je deviendrai — ce que tu me feras.

— « Tu deviendras ce que tu es et tu fleuriras selon la grâce de tes bonnes volontés. Que puis-je, sinon te cueillir et te faire sentir le prix de la sève qui sortira de tes blessures ? Vivre, c'est en niant toute joie qui n'est que personnelle, toute douleur égoïste : le stupre d'être seul et de se plaire est le troisième péché, mais il contient les deux autres. Tout entière, — oui : tu ne dois te refuser ni à l'infini, qui, en te créant, t'a choisie, ni au fini, qui, en t'aimant, t'a triée d'entre la multitude des grains stériles. Sois la fécondité des adorations et des sourires et réjouis-toi du supplice d'être écrasée au pressoir, pour être bue, vin pur, dispensatrice des ivresses royales. Tout entière, ô vierge double, — oui : et sois spiritualisée, beauté charnelle, et sois réalisé, intellectuel fantôme. »

Le Chœur. — *Procul recedant somnia*
Et noctium phantasmata !

— « Écoute, la conjuration des voix prie pour la pureté de ton sommeil. Les mauvais songes s'enfuient mécontents et honteux, leur laideur cachée sous des manteaux couleur de nuit, et les phantasmes terrifiés retombent dans leurs cavernes comme des fumées trop lourdes.

Endors-toi sur mon épaule, formalité charmante d'une essence que j'ignore, dors et tu n'auras pas d'autres rêves que le rêve de rêver.

— « Je dors. »

L'ENCENS

Sa virginité connut l'étonnement d'avoir admis en soi un voyageur complètement inconnu. Il avait des façons amicales de s'insinuer, un air de douce impertinence, des gestes spécieux et l'aplomb déconcertant de ces gens qui savent leurs forces, mesurent au juste les conséquences d'un coup d'audace. Hyacinthe se demandait comment elle avait pu précédemment proférer tant d'insanités et en écouter relatives aux délires spirituels. Comme tout était devenu clair! Des lumières rayonnaient sous ses paupières closes, et son intellect, libéré des doutes, planait, comme un oiseau d'aurore dans une atmosphère d'une limpidité éblouissante. Elle comprit que toutes les vérités, même les plus immémoriales, convergeaient vers un point central de sa chair et que ses muqueuses, par un ineffable mystère, renfermaient dans leurs plis obscurs toutes les richesses de l'infini. Pendant une seconde presque séculaire elle fut convaincue que sa propre essence avait absorbé et détenait à jamais l'essence de tout; c'était une possession et une joie si démesurées qu'elle s'évanouit : à son réveil, elle ne sentit plus rien qu'une grande lassitude et l'insupportable effarement d'avoir été dupée. Néanmoins elle se sépara sans rancune du chimérique voyageur, et même lui voua une certaine amitié comme à un compagnon de grandes aventures, encore que fallacieuses.

Moi qui l'aimais hautement, voulais

opérer en elle la transposition au mode mineur de mes personnelles et volontaires illusions, je fus péniblement impressionné, car elle n'avait rien manifesté, sinon de la surprise. Après comme avant, elle se montra pareille, aussi triste de vivre si peu, mais d'une tristesse différente, où la déception remplaçait l'ignorance.

Je la questionnai, mais la sensation était si loin, déjà, et si confuse, qu'elle répondit, avec cette franche simplicité convenue entre la noblesse de nos esprits :

« Ce n'est pas bien supérieur à manger une pêche. »

Comme le plaisir sexuel, hors les organismes de brutes, n'est que l'écho et la redondance du plaisir donné, ma joie diminua jusqu'à rien, jusqu'au rafraîchissement d'occasion, en une promenade, avec le fruit qui pend au-dessus du mur — et je doutai de la légitimité d'une telle défloration.

Elle avoua cependant tout ce qui était vrai : le souvenir d'un envol dans les éthers, mais si imprécis ! Plus tard, par la répétition de sensations identiques, sa mémoire se fortifia et elle put confirmer ma divination.

— « Mais, ajouta-t-elle, il faudrait la durée, le toujours. Bref, ou moins bref, l'instant n'est qu'un instant.

— « Et il n'y a que des instants. Croire que l'on capte l'infini dans un baiser !

— « Alors, plus ! »

Cependant nous recommençâmes. La satisfaction physique s'affirma, mais c'était ensuite comme une humiliation d'avoir été heureux par de l'inconscience. Ces secousses étaient nécessaires ; elles nous devinrent une habitude et nous n'y pensâmes même plus guère en dehors du moment même.

Ainsi nous y avions mis de la poésie

en vain et du cérémonial ! Une chapelle privée, la nuit, des chants de jeunes filles, une assistance révérente aux mystères liturgiques, un évêque vieux et simoniaque à peine, une immédiate installation sous des arbres d'une vénérabilité absolue, en une maison de jadis, close au vulgaire : et rien de sublime, pas une exceptionnelle volupté !

Hyacinthe sortait d'une race morte au monde depuis des siècles. Fleur d'automne et la dernière, elle accumulait en son parfum tout l'esprit de cette sève tardive, mais la jeunesse de ses nuances avait quelque chose d'une teinte inaccomplie faute de soleil, rose penchée sur une rivière d'ombre. Quand elle marchait, elle avait l'air d'être enveloppée et portée par un souffle de mystère qui jouait dans ses cheveux blonds comme le vent soulève et anime les touffes tombantes des viornes le long des haies d'octobre.

Destinée par la pâleur de sa nature à de perpétuelles déceptions, elle n'en souffrait qu'un instant, se résignait. Je pouvais la comprendre, moi, que des folies leurraient sans repos, à qui les réalités extérieures, cérébralement exagérées d'avance, échappaient toujours quand j'avançais la main vers « la cueillaison du rêve. »

Motif de désolation, oui, mais valable seulement pour des enfants ; pourtant de telles faillites, souvent répétées, finissent par détruire la native confiance de l'être en la vie, — et bientôt l'on n'avance même plus la main, sûr de ne ramener vers soi que le vide. Au rebours de ce qui est cru, c'est là une acquisition plutôt qu'une perte ; arrivé à cet état mental, l'homme a compris l'inutilité absolue du mouvement, il se confine en lui-même, se trouve enfin apte à l'existence sérieuse et vraie. Il ne s'intéresse plus qu'à la seule pensée, ses relations avec le monde sont réduites au nécessaire strict, à l'entretien urgent du substratum matériel, et toutes les questions qui agitent les peuples, émeuvent les individus, acquièrent immédiatement l'importance du fétu qui révolutionne une fourmilière.

Hyacinthe était apte à recevoir ces idées : elle les accepta, et, mésestimant tout le reste, nous nous occupâmes de nous-mêmes et de l'infini.

Nous-mêmes, c'était l'amour. Spirituellement, nous ne pouvions nous atteindre qu'en Dieu, après avoir gravi la montagne mystique, et là, souffrir la crucifixion sur la croix de l'éternel Jésus : c'est ce que j'avais promis à Hyacinthe et c'est ce qu'elle croyait vouloir.

Physiquement, tous les grains de l'encens profane n'avaient pas été brûlés. Je ne voulus pas condamner celle qui m'était confiée à l'ignorance éternelle d'un art si généralement estimé, et, tout en souhaitant qu'ils lui répugnassent, je lui en dévoilai les secrets.

La curiosité la soutint dans cette épreuve, et nous épuisâmes avec méthode tous les articles de l'évangile gnostique, sans que notre santé eût notablement fléchi.

— « Exceptionnelles voluptés, me dit-elle un jour, soit, mais tout cela revient au même et l'équivalence des moyens est certaine puisque le but atteint est toujours identique. De plus, l'exceptionnel qui se répète ne diffère pas du banal et enfin les recommencements du fini, c'est-à-dire du rien, ne peuvent jamais donner au total que néant. Je suis lasse et triplement dupée, je suis sans espoir ! Pourquoi m'as-tu traînée dans la honte des péchés abominables ?

— « Pour que tu sois bien vraiment sans espoir charnel, pour que tu connaisses l'humiliation d'avoir un sexe insatiable et menteur.

— « Si nous continuons, je te mépriserai.

— « Hyacinthe, ton corps adorable me fait horreur.

— « Damase, tes lèvres perverses me font mal aux yeux, quand je les regarde, — après !

— « Ton profil est toujours ma joie.

— « Damase, te souviens-tu que nos âmes se visitèrent, — aux matines de notre amour ?

— « Oui, et tu étais pure, — comme le silence !

— « Rends-la moi, ma primordiale pureté.

— « La confession est lustrale, Hyacinthe. Ne viens-tu pas de dire ta honte ? — Elle n'est plus. »

Une Voix. — *Hostemque nostrum comprime*
Ne polluantur corpora !

— « Le Verbe est répandu dans l'air et l'air, parfois, se condense en paroles. La pensée des invisibles gardiens est toujours présente autour de nous et la circonvolution de leurs ailes nous protège charitablement. Ils savent nos volontés et les réalisent quand elles ne contredisent pas les normes. Leur pouvoir, c'est la métaphore de tendre la main, et la voix est souvent la grande auxiliatrice : ils se font entendre s'il le faut. Que l'ennemi donc soit absent du cercle de notre communauté et qu'à nos corps la souillure soit épargnée, — dans l'avenir, dans le présent et dans le passé !

— « Et dans le passé ! dit Hyacinthe. Que ce qui fut fait soit défait ! Pourtant, je voudrais — me souvenir. Je voudrais garder la mémoire des instants où tu pénétras dans ma chair pour la glorification — vaine, mais lumineuse — de ma sensibilité de femme. Car, enfin, si je suis fantôme un peu moins je le dois à des insistances corporelles, et cela compte, même péché. Et qu'elle me dure aussi, la mémoire de ton inconscience et de tous nos gestes d'amour et surtout de l'abandon premier si peureux, avec ses yeux baissés et sa si gauche manière de se défendre contre la joie de connaître, la joie de la pomme amère croquée à deux, comme des enfants, — et quand c'est mangé, c'est fini ! Et, tiens, duperie ou non, je t'aime ! »

Cantique. — Ecoute mes soupirs, ô sire, mes soupirs ont brisé la viole aux sept cordes, mais j'en ferai sept autres avec mes sept désirs.

Écoute mes paroles, ô folle, tes paroles ont brisé les cordes de mon cœur, mais j'en ferai sept autres avec tes sept soupirs.

— « Tu me réjouis, Hyacinthe, plus que le parfum des sept roses, qui sont les sept voluptés : les roses sont mortes, mais tu vis, toi, — ô mon amour ! Oui, comme tu l'as dit : tout entière ! Et pourquoi nous fâcher contre les défaillances du réel et ne pas nous plaire même à l'absurde qui nous trompe, si c'est par des caresses? Nous savons que la sensation ne donne rien : amusons-nous pourtant à ce rien, — qui est tout dans le moment où il surgit en nos imaginations, et restons franchement contradictoires, afin de pouvoir sourire de nous-mêmes aux occasions tragiques.

— « Duperie ou non, je t'aime, répéta Hyacinthe. Et toi aussi, n'est-ce pas ? Alors, soyons l'un pour l'autre une agréable odeur. »

Elle me baisa sur la bouche et nous nous exaltâmes de la meilleure foi du monde.

L'ORGUE

« O face adorable qui avez réjoui dans l'étable les anges, les pasteurs et les mages ! »

A genoux devant rien, au milieu de sa chambre, la tête entre ses mains, déroulée vers ses reins l'innocence de ses cheveux pâles, elle proférait avec une grande pureté de voix cette éjaculation pieuse et la répétait, toujours la même, telle que la strophe amoureuse d'un chapelet.

J'attendais la suite ; il n'y en eut pas, et elle se releva pour me sourire et me dire :

— « Je prie par la musique des mots. Cette phrase trouvée en un ancien livre n'a-t-elle pas quelque chose d'assez doux et d'assez fort pour briser les portes de la négation et attendrir même, selon l'harmonie de sa grâce vocale, l'oreille aux aguets du Seigneur Jésus? Oui, l'attendrir, pour que tout y passe, les litanies de mes peines secrètes et l'anxiété de faire ta joie... Et puis je songe à la Dame du très vieux temps, à la dame Véronique qui gagna par son bon cœur le privilège d'un mouchoir miraculisé. Oh! entre toutes que je fusse celle-là, et m'écarter de la foule contente d'un spectacle et venir vers celui qui porte sa croix et doucement, comme d'une angélique main, essuyer la sueur sacrée de la Face adorable!... Et sur les images, on me verrait, debout à mi-côte, avec à mes pieds la triste Jérusalem, déployant pour l'étonnement des Juifs stupides l'empreinte inestimable, et le condamné monte vers le sommet du monde, aux yeux de tous il souffre, il meurt, et moi je demeure là, les bras étendus afin que l'on vénère ce que je porte, et mon attitude survit à la résurrection, — car je suis la sixième station du Chemin de la Croix ! »

Je répondis avec une ironie qui la déconcerta :

— « Être, n'est-ce pas, une figure historique, afin de vous faire peindre à fresque par Fra Angelico, et votre nom écrit sur une banderolle et répété, en une antienne apocryphe et indulgenciée, par des anges que le théorbe accompagne ?

— « Eh bien, oui ! reprit-elle en rougissant. Vous m'auriez choisie entre plusieurs peintures au lieu d'entre plusieurs femmes, et ne m'auriez-vous pas aimée tout autant ?

— « Tout autant.

— « Peut-être plus?

— « Peut-être plus.

— « Et j'aurais peut-être dévoilé à votre contemplation, rien que par mon genre de regard, toujours le même, une âme plus agréable et certainement moins discordante, plus facile à satisfaire et moins embarrassée, sûre de toujours vous plaire et pas effarée de tout comme je suis, — car, je puis bien vous le confier, Damase, je ne comprends rien ni à vous, ni à la vie, ni à moi, ni à rien.

— « Hyacinthe, l'orgueil de vouloir comprendre est dangereux, immoral et, de plus, démodé. La devise moderne (la dernière) n'est-elle pas : « Marcher, sans savoir pourquoi, et le plus vite possible, vers un but inconnu » ? Agir et penser sont des contraires qui ne s'identifient que dans l'Absolu. Beaucoup de gestes, remuer la tête, remuer les bras, remuer les jambes, — sans pourtant ressembler expressément à un pantin, — accomplir ces mouvements avec la sécurité que donne le sentiment du droit, voilà ce qui est recommandé par dessus tout. Soyons des citoyens de l'activité universelle et oublions de prendre conscience de nous-mêmes. Le cheval aveugle galope sans hésitation, car ignorant d'où il vient il ignore où il va : crevons-nous les yeux.

— « Vous manquez d'indulgence, Damase. Il ne faut pas me traiter par l'ironie, cela me fait souffrir.

— « Plus tu sauras, plus tu souffriras. L'Absolu a souffert absolument, et peut-être encore ! Une infinie tristesse s'est répandue sur le monde, et d'où sinon d'en haut ? Songe à la douleur divine, après la vanité du rachat, vain comme la vanité qu'il rachetait ! Le sacrifice fut incompris, hors de quelques-uns qui n'ont aujourd'hui que des héritiers obscurs, imbéciles ou désarmés.

— « Pensons à nous-mêmes, dit Hyacinthe.

— « Oui, soyons égoïstes et nous serons peut-être sauvés. Le salut est personnel. Nous, d'abord, et délestons de toute fraternité inutile le vol de la chimère qui nous emporte aux étoiles.

— « Ne devons-nous pas aimer les autres?

— « Nous ne devons pas aimer les mauvaises volontés : elles se sont, d'elles-mêmes, mises en dehors de l'amour. Mais il n'est pas nécessaire de les haïr ni de les mépriser.

— « Je voudrais, dit Hyacinthe, les aimer quand même, — un peu.

— « Non, ce sont des négations : ce serait aimer le mal qu'elles symbolisent.

— « Pourtant j'aime les bêtes.

— « Les bêtes sont innocentes.

— « Ah! nous allons devenir bien pharisiens ! »

Cette remarque m'interdit, car Hyacinthe avait raison, — relativement. Pratique, telle que toute femme, elle ne voulait pas fermer le cercle sans espoir de solution; il lui fallait garder une possibilité de cousinage avec l'humanité. Je lui concédai son désir pour le cas où nous serions devenus l'un pour l'autre des sachets empoisonnés.

Toutefois, je repris :

— « En toute religion, — même en celle que nous pratiquons (oh! surtout en paroles, comme des gens que l'acte déconsidère, au moins momentanément, à leurs propres yeux), — il y a un ésotérisme, un mystère qui, une fois pénétré, dispense le fidèle de toute charité médiate. N'ayant plus de relations qu'avec l'Infini, il s'abstrait de la création, n'est tenu envers ses frères, mauvais ou bons, à aucune sorte d'amour effectif ou théorique : c'est l'état d'indifférence, **la nuit de la volonté**, l'un des stages de la nuit obscure de l'âme qui comprend également l'anéantissement sensuel et l'anéantissement intellectuel, — prologue de la vie en Dieu, pénultième station avant la vision béatifique.

— « Et quel est, dit Hyacinthe, ce mystère à pénétrer ?

— « A peine si c'est un mystère, Hyacinthe, à moins que l'évidence n'ait droit, elle aussi, à ce nom plus prostitué qu'une conscience d'évêque. Il s'agit tout simplement de la science du néant, qui s'acquiert plutôt par un acte de foi que par une déduction logique, — bien qu'en somme son acquisition soit le but dernier de la logique elle-même. Mais, vous avez dit vrai, il y aurait du pharaïsme à croire que nous avons conquis cette connaissance suprême !

— « Pourquoi donc, Damase ?

— « Ne sommes-nous pas des sexes ?

— « Oui, oui ! cria-t-elle, oui ! J'y tiens, au mien et au tien. Il n'y a que cela que je comprenne, — presque ! Et encore cela m'attriste.

— « Je le sais, petite adorable menteuse, tu me l'as déja dit : cela t'attriste — après ! Tu fais semblant de m'écouter et tu penses à des baisers. Tu n'es — comme les autres — qu'une gaîne !

— « Hé ! puis-je pas être cela, et autre chose en même temps ? Je suis une gaîne aussi pour tes idées, — et elles sont rudes, parfois, tel qu'un mauvais rêve.

— « Tu es fallacieuse !

— « N'est-ce pas ton désir, Damase ? Ne dois-je pas être pour toi une illusion ? »

Nous étions sortis de la chambre et de la maison, — accueillis avec la déférence due au seigneurs par la vieille avenue de hêtres respectueuse et solennelle : et reconnaissants aux nobles arbres nous marchions avec une lenteur comme de procession, d'accord avec le ploiement des larges branches que le vent, une à une, inclinait vers nos têtes. L'orgue vaste chantait : nous écoutions, et nos oreilles accoutumées distinguaient le bruit des hautes et des basses feuilles, les dires du hêtre, des peupliers, des pins et des chênes circonvoisins. L'avenue proférait les notes dominantes, et dans l'accompagnement précipité des peupliers les pins jetaient leur lamentable plainte et les chênes la sonorité grave d'une voix de mâle.

La chute de la nuit pacifia tous les bruits : ils semblèrent descendre et rentrer dans l'herbe, qui, maintenant, craquait sous nos pieds.

— « Enfin, dit Hyacinthe, où voulons-nous en venir ?

— « Mais, répondis-je, il me semble qu'une croyance positive et stricte, par exemple en nous-mêmes, en notre utilité absolue et mystique, libérerait notre logique de bien des inconséquences. Je crains que nous ne soyons un peu enclins au jeu. Vous êtes-vous arrêtée, parfois, en un jardin, à Paris, devant de petites immanences, cheveux dans le cou et jambes nues, jouant à la raquette? Et avez-vous pénétré le profond sérieux, sous de plaisantes apparences, avec lequel ces animalcules se renvoient, en glapissant de volupté, leurs âmes à plumes, leurs volants immortels? »

Au bout de l'avenue des points lumineux apparurent, deux ou trois, surgissant comme des fanaux au-dessus de l'immobile mer des choses. Silencieusement nous nous arrêtâmes, éprouvant les incertitudes de l'imprévu, puis en les maisons devinées, derrière la fenêtre vive, nous imaginions de paisibles vies heureuses de l'abri et du repos, délivrées du souci de la pensée, contemplatives de leur douce végétalité, lentes au geste et peu de paroles. Ah! qu'il fait bon vivre là où l'on n'est pas.

L'église était ouverte encore, personne n'y priait et les ténèbres intérieures dormaient sous la lampe éternelle.

Nos genoux heurtèrent l'orgue du chœur, je soulevai la lourde chape de chêne et les doigts d'Hyacinthe chantèrent la gloire triste de vivre dans l'indéniable et essentielle obscurité. Sans rancune contre les lumières éteintes, contre la noirceur du ciel, ils demandaient très humblement pour nos âmes une lueur, — oh! pas davantage! — une syllabe de flamme pâle. Aux doigts en mouvement les pierreries des bagues chatoyaient un peu parmi la pénombre, — ainsi que des pensées confuses, mais vraies : rien que cette vérité-là, intermittente et vague, mais certaine !

Donc, je m'élevais aux cimes du désir métaphysique tout en caressant d'une distraite main les petits cheveux d'Hyacinthe et le contour de ses oreilles, vérité non pas douteuse, celle-ci, mais authentique et d'une certitude si candide ! Les cheveux étaient doux comme des aveux ; ils s'abandonnaient à mes doigts et s'enroulaient si naïvement, avec tant de bon vouloir à me faire plaisir et l'oreille était si inquiétante avec ses méandres et en même temps si docile à mon jeu de manipuler, et Hyacinthe était si bien toute frémissante et si parfaitement isochrône avec le galop de mes pulsations, — que l'orgue se tut.

Nous observâmes le respect dû au Saint Lieu en nous unissant selon toute la modestie compatible avec les gestes de l'amour.

LES IMAGES

Regarder des images pieuses, des représentations de saintes dont la face blême s'amincit dans un halo d'or, d'amantes qui laissèrent toute terrestre inquiétude oubliée entre les lys, de celles qui firent saigner leur corps, qui furent folles de leur cœur...

— « Croyez-vous, me demanda Hyacinthe, qu'elles aient éprouvé des joies plus pures que nous, pécheurs, en notre péché ? N'était-il pas très pur, notre péché ?

— « Hyacinthe, vous déraisonnez

— « Nullement, Damase, je me réalise, j'affermis mon fantôme, je le repétris dans le ciment des souvenirs sensationnels. Cette seule fois il y eut un après, une persistance de volupté, la permanence d'une caresse qui, à travers la forêt des fibres, avait atteint mon âme et l'avait sensibilisée, — peut-être pour toujours !

— « Cher enfant gâté, il lui faut le péché !

— « Oh ! ceci vous regarde. Moi, je n'ai pas de conscience, puisque je vous fis don de mon libre arbitre, et que vous l'acceptâtes.

— « Et si je vous emmène dans les ténèbres extérieures ?

— « Je vous suivrai, mon ami, sûre d'être bien partout où je serai avec vous. »

Cela valait un baiser, que je lui donnai ; ensuite je dis :

— « Ce n'était pas un péché.

— « Oh ! par exemple ! »

Incrédule, elle me raillait. Il fallut

consulter des auteurs, lui prouver par des textes la vénialité de notre abandon. Elle en fut chagrinée, ou bien ce n'était qu'une vaniteuse feinte, car je ne lui connus jamais de perversité réelle, une bravade propre à m'émouvoir et à susciter ma contradiction.

— « Le péché, dis-je, est toujours médiocre. C'est, en soi, un acte incomplet, borné par sa propre nature et qui n'élabore qu'une simagrée nulle. Contraire à la pensée divine, il demeure à mi-chemin de la contradiction, puisque l'absolu dans le mal est impossible, même à concevoir.

— « Je ne cherche pas l'absolu, moi, dit Hyacinthe, et seules, même incomplètes, les sensations me font vivre. Je veux bien qu'elles soient vaines, si leur vanité m'est douce. Tu te souviens qu'aux premières initiations je fus déçue et qu'ensuite telles expériences me contristèrent : eh bien, d'hier la lumière dure encore, — dans le cœur de la modeste peccatrice, mon cher Damase. Pourquoi?

— « Parce que l'ironie est un des éléments de la joie et qu'il vous a paru notablement irrespectueux de vous pâmer sous la vigie du Tabernacle, mais il y a de divines indulgences pour ces distractions ; ce ne fut qu'un manquement à l'étiquette, — et le reste, vous l'imaginâtes.

— « Et quelle différence voyez-vous entre l'imaginaire et le réel ?

— « Subjectivement aucune, Hyacinthe, vous le savez bien. Toutefois ces deux sortes de faits, différenciés initialement par le verbe, ne marquent pas l'âme des mêmes cicatrices : la pensée se nie par la pensée, et l'acte par l'acte. Vous n'ignorez pas que le péché se commet selon trois modes : en pensée, en parole, en action...

— « Et vous croyez vraiment que je pense ?

— « Peut-être, sans le savoir ! Ayant étudié de près les femmes, Schopenhauer put établir sa théorie de l'Inconscient il avait compris que l'intelligence peut coïncider avec l'automatisme. Son Dieu-Monde est une femme élevée à l'infini, — genre de Dieu fort dangereux et sous le gouvernement duquel il faut s'attendre à toutes sortes de cataclysmes, Dieu incon naissable pour l'humanité et inconnaissable pour lui-même. Et toi, petit Dieu ironique, je voudrais m'imboire de ta spiritualité, — et je ne puis. Tu fuis sous le tranchant de mon intelligence comme les folles herbes marines sous le fil de la faux... »

Hyacinthe semblait distraite aux images...

Scholastique, à son poing, mystique épervier, l'Esprit se symbolisait en oiseau familier, les ailes comme un double bouclier épandues sur les seins de la vierge élue.

Claire, ses mains gantées capturent l'ostensoir et ses yeux clairs pleurent des larmes surnaturelles.

Ida la blanche au chef réceint d'épines, et Colette, agnelette égorgée par l'Amour.

Sur la croix que porte Catherine, des lys ont daigné fleurir.

Christine, à ses épaules de grandes ailes surgirent dans la déchirure de la bure, et ses pieds nus stygmatisés ensanglantaient les dalles du monastère.

— « Eh bien, connais-moi ! » proféra Hyacinthe, en se tordant sur mes genoux selon un rythme tel qu'elle en paraissait dévêtue.

Le divan aux coussins de sinople fut notre intermédiaire.

Après, elle me garda sur elle une seconde pour me dire :

« Voilà comment on peut me connaître, — et pas autrement ! »

LES LARMES

Songeant aux sensations fictives et aux visions équivalentes, il m'arriva de torturer Hyacinthe très cruellement. Je lui en avais fait la promesse, mais une native bonté d'âme et la nouveauté des fatales occupations amoureuses m'aveuglaient et restreignaient jusqu'à la naïveté indulgente mon devoir d'inquisiteur.

Pharmacoper les âmes par la seule drogue qui les purge, la douleur, — c'est assurément la suprême charité, mais combien difficile à exercer envers les êtres que l'on aime ! D'innocentes hosties ne sentent pas le prix du martyre immérité, et quel courage pour braver, de la bouche qu'on adore, la vocifération de : bourreau !

Hyacinthe accueillerait-elle comme des amies mes mains allumeuses de bûchers ou les mordrait-elle, à dents par la révolte empoisonnées ?

Mais il le fallait, et j'avais un autre motif : c'est que les larmes sont toujours un peu révélatrices du parfum intérieur, de l'essence enclose dans le flacon secret.

— « Hyacinthe, dis-je, en secouant le bras vilainement, un soir que nous revenions d'une promenade par les allées où pleuraient déjà les feuilles sèches, — que vous êtes lourde !

— « Oh ! Par exemple !

C'était le mode familier de son indignation ou de sa surprise.

— « Lourde, ma chère, ou alourdie peut-être. Seriez-vous lasse ?

— « De quoi ?

— « Mais, de me suivre, ombre ! » Elle me trouva méchant et s'attrista.

— « Ombre ! Eh bien, n'est-ce pas mon devoir et ma joie ! Quand tu m'appelas à la vie (je ne sais comment), ce fut pour te suivre, il me semble, pour te répliquer selon des modes explicatifs et non contradictoires, — enfin, pour matérialiser en la substance que je te parais, en la forme que je t'apparais, ton rêve d'un autre sexe. Est-ce mon rôle, oui ou non ? Alors, que me reproches-tu et pourquoi me fais-tu pleurer, — moi, ta pensée même ?

— « Tu es lourde, parfois, comme un ennui, — et tu te matérialises trop.

— « Je suis ce que tu as voulu, reprit Hyacinthe, et je t'appartiens tellement que de me blâmer, c'est toi-même que tu offenses.

— « Elle n'a donc jamais pensé, l'Hyacinthe adorée, dis-je, en émettant d'atroces sous-entendus d'ironie, que ce qui a commencé doit finir.

— « Je ne sais plus quand j'ai commencé à t'aimer, c'est-à-dire à vivre, dit Hyacinthe en tremblant, mais je ne veux pas finir.

— « *Imbecilla pluma est velle sine subsidio Dei*. La volonté n'existe que conforme à la logique la plus haute. Si tu m'appartiens, tu ne peux vouloir. La rébellion d'un fantôme ! »

Elle devint amère :

— « Cependant j'ai une âme.

— « On dit aussi l'âme d'un violon et l'âme d'un soufflet, — mais je vous l'accorde, Hyacinthe, votre âme immortelle de femme, immortellement futile et négatrice. C'est elle qui me gêne et dont les émanations s'élèvent en fumée autour de moi et obscurcissent ma vision de l'infini. Si je pouvais t'aviver jusqu'à la lumière, charbon sans flamme, mais tu restes noir sous mon haleine et tu infestes d'odeurs charnelles le laboratoire de mes désirs purs.

— « Annihile-moi, Damase, pulvérise l'ininflammable charbon, — mais tais-toi, et qu'en mourant je puisse adorer encore tes lèvres muettes!

— « Pourquoi t'aimerais-je, même en paroles, puisque tu me damnes et que je le sais?

— « Au moins, Damase, ne me sépare pas de ta damnation, et que nous soyons deux — en Enfer!

— « Tu me l'as déjà dit. Ah! stupidité des amoureuses excessives. « Mon Dieu, que je sois damnée, pourvu que je vous aime! » — n'est-ce pas? Mais, enfant plus irraisonnable que la trajectoire brisée d'une idée de fou, — damnée, tu me haïras. L'enfer n'est que haine, et si une lueur de joie phosphorescente irradia jamais les prunelles dédiées aux éternelles ténèbres, ce fut dans les yeux morts d'un damné souffrant côte à côte avec l'être pour lequel il ouvrit jadis l'inestimable fontaine de son cœur sacrifié.

— « Tu me fais peur ! Tu me fais peur ! »

Hyacinthe se jeta mourante dans les bras du tortionnaire. Elle se serrait contre la raison même de son effroi ; elle baisait la main qui l'endolorait, les érignes qui lui déchiraient les seins, le sphondylotrobe qui lui écrasait les vertèbres.

Ne pouvant peut-être, tout au fond d'elle-même, me croire si méchant que je me faisais, elle leva vers mes yeux ses yeux épouvantés, quêtant une fuyante étincelle de douceur, une débile nuance de consolation précaire, — mais, impitoyable, je maintenais le sérieux triste dont j'avais imposé l'esclavage aux muscles de ma face.

La baisant au front, je dis :

— « Que la plupart des paroles que je prononçai soient dissoutes, mais les dernières, non. »

Soudain, je sentis naître et croître en moi une idée diabolique, — évoquée sans nul doute par les mots spécieux que j'avais antérieurement prononcés.

Je renversai Hyacinthe sur le divan où elle était venue tomber vers moi, et je dévorai la joie mauvaise de posséder une femme paralysée par la terreur.

Selon de brusques retours elle passait de la souffrance au plaisir, mais sans oublier encore, au milieu de la musique des chatouillements sexuels, le discord des impressions pénibles, partagée entre l'indiscutable violence des actuelles sensations et la peur qu'après l'extase le monstrueux étau de la haine, ne la capturât entre ses bras de fer pour l'éternité.

J'eus le courage de prolonger l'expérience, dosant avec scrupule les arrêts et les mouvements, variant le rythme pour déconcerter la certitude, et Hyacinthe, effarée des contradictions qui martyrisaient sa chair heureuse, souffrait délicieusement, prête à mourir d'amour dans un paradis infernal.

Enfin, les larmes jaillirent : je les bus comme de précieuses perles de sang.

LES LICORNES

Après cette crise, Hyacinthe m'ayant pardonné, — avec presque l'étonnement que j'eusse besoin de pardon, — nous entrâmes résolûment dans la forêt mystique, où ne vivent nulles autres notables bêtes que les peureuses licornes. Comme elles fuyaient devant elle, secouées par de grands airs dédaigneux, ce fut pour mon amie une occasion excessivement propice de regretter sa virginité. Je lui fis comprendre qu'il y avait un mérite évident en un tel regret, une dorure très fine pour son âme fanée, une parure de repentir peut-être supérieure même à l'intégrité perdue, et elle consentit à offrir à Jésus l'oblation des plaisirs où elle avait compromis la native candeur de sa toison.

De métaphores en métaphores nous nous élevâmes au mystère du Sacrifice. « Mon Amour est crucifié » — ὁ ἐμὸς ἔρως ἐστάνρωται. Le mysticisme tel que nous l'acceptâmes nous paraissait la suprême dignité d'une âme humaine dédaigneuse d'intermédiaires entre sa noblesse et l'infinie noblesse de Dieu, entre sa quotidienne agonie et l'immortelle agonie du Christ. C'est selon ces dispositions que nous décidâmes d'assister désormais à la messe que chanteraient en nos mémoires le prêtre et les diacres choisis parmi les plus sanctifiés dont les gestes d'adoration s'élèvent entre les lames de plomb des vieux vitraux.

LES FIGURES

Cloches, vases sacrés, oints, bénits et baptisés, trompettes et marteaux de jadis, semanterions et xylophones, noles, campanes, airains, tintinnabules, cloches, vases sacrés !

La hiérarchie est convoquée jusqu'au plus modeste, qui n'est rien et qui va devenir égal en immunité aux plus hauts saints : il participe au signe de la croix.

Source lavatoire, l'eau salée mugit dans le bénitier comme un océan de conjurations.

Femmes, vierges, clercs, lais : il n'y a

plus de pénitents captifs sous la symbolique chaîne d'un démon de pierre ; il n'y a plus de chœur des vierges, la cloison est abattue et la vierge a perdu la fierté de son état. Il n'y a plus de grilles aux strictes mailles : le sanctuaire s'est ouvert. Le prêtre n'est plus vieux par règle et même il est jeune et ses cheveux blonds dorent d'un reflet de concupiscence l'œil des matrones dévoilées.

Seul, le Pauvre, liturgiquement se tient à la porte, avec le devoir de gémir, afin que les oreilles heureuses s'épouvantent au cri de l'éternelle misère.

Des sépulcres sous les dalles, s'exhale une odeur de vie permanente ; et des ossuaires, une radiance d'étoiles. Les reliquaires contiennent de la poussière d'amour.

Le chrême a sacré la table de l'autel (ainsi le très saint Jésus se purifie lui-même) et, tel que d'un parterre impérial, les cierges, sous l'arrosoir enflammé des acolytes, vont surgir et fleurir.

Les anges prient, humanisés par des simulacres très raisonnables, car il est bien véritable qu'ils odorent les parfums essentiels, qu'ils goûtent les suavités saintes, qu'ils entendent la parole incréée : ils sont jeunes, forts, libres, plus féconds que les plus puissants reins. Ils vont nus, sans corruption, et s'ils se vêtent, c'est de la transparence du feu.

Ange aussi, l'aigle du lectorium, aux élévations royales ; anges, les lions couchés autoritaires et obscurs.

ORAISON

Jésus, le grain d'encens fume dans l'encensoir : la Victime s'allume et l'oblation future s'accomplit en désir. Elle s'allume et fume et son amour apparaît sur la scène du monde : les Figures surveillent leurs accomplissements.

Le Prêtre. — *Exorcizo te, creatura salis*, je t'exorcise, ô créature, pour que tu guérisses la stérilité des eaux. *Exorcizo te, creatura aquae*, je t'exorcise, ô créature, pour que tu apaises l'amertume du sel.

ORAISON

Dorénavant, l'eau sera salée et il pleuvra d'incorruptibles rosées : dénudez vos têtes, ce sont les larmes de Jésus.

PROCESSION

Les Palmes absolues s'érigent en concerts alternatifs autour du Prédestiné que le Verbe antérieur donne à la vie. Il se mêle au peuple, et le Sacrifice, comme une constellation, s'avance le premier.

Le Prêtre. — *Veni, Sancte Spiritus.*

PROSE

Le Chœur. — Saint Esprit, Esprit des cimes, Esprit radiant.

Esprit prodigue, Lumière !

Très bon consolateur,
Hôte très doux des âmes,
Refuge ombraculaire !

O flamme très heureuse,
Lave les corps sordides,
Arrose les cœurs arides,
O toi l'Esprit !
Fléchis les cœurs rigides,
Fomente les cœurs frigides,
O toi l'Esprit,
O flamme très heureuse !

Nous attendons le sacré Septenaire,
Amen.
O flamme très heureuse,
Amen.

ORAISON

Flambez, flambeaux ardents, soyez l'illumination de l'Agneau ! Brûle, cire vierge de l'homme : ton essence est incombustible.

Le Prêtre. — Seigneur, votre Fils

accepta le fardeau de la chair, je couvre mes épaules du joug de la chasuble.

Au nom des Trois qui sont Un, soient baisés à jamais tes pieds divins.

Jésus-Christ. — *Introibo*. Je suis pareil aux victimes nourries dans le Temple : j'attends l'heure propitiatoire.

Le Prêtre. — *Introibo*. Je monterai à l'autel, je monterai vers Celui qui me réjouira d'une éternelle jeunesse.

Juge-moi, Seigneur, discerne ma cause d'entre la gent des Gentils ; à l'homme inique et dolosif arrache-moi !

Jésus-Christ. — Le Dragon illusionne les âmes : plantez la Verge fleurie.

ORAISON

La droite est la dignité du Roi, mais la gauche est réservée à l'Amour : c'est là que l'on goûte la plénitude des influences excessives. Les cheveux de Jean ont la douceur des âmes fraîches : Il reçoit d'un cœur pâmé les caresses de son Maître.

LE PRÊTRE. — *Ab illo benedicaris in cujus honore cremaberis. Amen.*

JÉSUS-CHRIST. — Je suis venu incendier la terre : ce que n'ont pas fait les Chérubins, je l'accomplirai, car l'Esprit est en moi et tout le reste est stupidité.

ORAISON

La navette est un navire, les grains d'encens sont l'équipage : la navette est un navire sans voilure et sans cordage : la navette est un navire et ses flancs sont gonflés d'or. Vierge, et toi, Thuriféraire, tu portes entre tes mains la barque de saint-Pierre, stable et profonde comme le sein de Dieu. La navette et un navire, l'or de ses flancs, ce sont les peuples : un sacrement les pêche et les sauve et les plonge dans la fournaise. La navette est un navire et l'encensoir est la fournaise.

Le Prêtre. — *Kyrie eleison.*

Le Chœur. — *Christe eleison.*

ORAISON

Le parfum s'élève au-dessus des roses, car les roses moisiront, mais le parfum des roses est une oblation imputrescible.

Le Prêtre. *Gloria in excelsis.*

Le Chœur. — Gloire, gloire, gloire à l'Esprit.
    Gloire à la Béatitude,
    Gloire à l'Essence,
    Gloire à l'Unité.
    Gloire à la Plénitude,
    Gloire, gloire, gloire à l'Esprit.

Le Prêtre. — Je suis la Voix qui crie dans le désert, la Voix qui n'est pas bénie et mon infécondité me desespère.

Je suis un ministre de mort, un ministre

d'aveuglement : les voiles de deuil m'accablent de nuit.

Jésus-Christ.—Plantez la Verge fleurie.

ÉPITRE

S. Paul, Rom. 24.

C'est pourquoi Dieu, selon les convoitises de leur cœur, les a livrés à la souillure : tellement qu'ils ont déshonoré leurs propres corps. A cause de cela, Dieu les a livrés aux passions de l'ignominie : car les femmes ont changé l'usage de nature en des usages qui sont contre nature. Et pareillement les hommes, abandonnant l'usage naturel de la femme, ont l'un pour l'autre brûlé de désir, les mâles sur les mâles opérant des turpitudes et recevant en eux-mêmes le convenable salaire de leur égarement.

Le Prêtre. *O Virga ac diadema.*

SÉQUENCE

Le Chœur. — O verge et diadème du roi de pourpre.

Tes gemmes ont fleuri en une haute prévoyance, dès le temps où dans l'homme dormait le genre humain.

O fleur, tu n'as pas germé de la rosée, ni des gouttes de la pluie, et l'air n'a pas plané autour de toi, mais tu es née sur une très noble verge par l'œuvre de la seule Clarté.

O verge, tu as surgi tout en or, ô verge et diadème du roi de pourpre.

Jésus-Christ. — Ce que je vous dis dans les ténèbres, redites-le dans la lumière.

ÉVANGILE

En ce temps-là le Seigneur interrogé par une certaine Salomé sur le temps de son règne, répondit : « Lorsque deux feront un et lorsque ce qui est en dehors sera comme ce qui est dedans, et lorsque le mâle étant sur la femelle, ils ne seront ni mâle ni femelle. » Salomé demanda : « Jusques à quand les hommes mourront-ils ? » Le Seigneur dit : « Tant que, vous autres, femmes, vous enfanterez. » Salomé demanda : « J'ai donc bien fait, moi qui n'ai pas enfanté ? » Le Seigneur répondit : « Nourrissez-vous de toute herbe, mais ne vous nourrissez pas de celle qui a de l'amertume. » Le Seigneur dit encore : « Je suis venu pour détruire les œuvres de la femme : or ses œuvres sont la génération et la mort. »

Le Chœur. — Ainsi-soit-il.

PRÔNE

Dieu, lisons-nous en saint Denis l'Aréopagite, Dieu n'est ni âme, ni nombre, ni ordre, ni grandeur, ni égalité, ni similitude, ni dissemblance. Il ne vit point, il n'est point la vie. Il n'est ni essence, ni éternité, ni temps. Il n'est pas science, il n'est pas sagesse, il n'est pas unité, ni divinité, ni bonté. Nul ne le connaît tel qu'il est et il ne connaît aucune des choses qui existent telle quelle est. Il n'est point parole, il n'est point pensée et il ne peut être ni nommé, ni compris.

Prière. — O Trinité très essentielle, nous te supplions de nous recevoir en ta translumineuse obscurité.

Le Prêtre. — *Credo*.

Jésus-Christ. — Brisez la Verge morte, plantez la Verge fleurie.

Le Chœur. — *Credo*. Je crois à la faute et à la rédemption, je crois à la mort et à la résurrection. *Credo. Amen.*

OBLATION

Elle a trouvé douze corbeilles dans son héritage, douze corbeilles de pain bénit.

Les Figures sont les gardiennes du

mystère, et toutes les figures obéissent au Symbole.

Le ventre de la Femme est un autel d'offrande et la première station du Calvaire, l'habitacle premier choisi par l'Hostie : oblation obscure, prélude sanglant de la Transfixion.

Le Prêtre. — Reçois, Père, l'immaculé sacrifice de primordiale intention : l'azyme a la blancheur d'un front divin. O Jésus, pain candide ! O Jésus, pain neigeux ! Le vin des gémellions a des grâces de cordial, mais le sang est thaumaturge. Reçois, Père, l'immaculé sacrifice, et toi, peuple, pense au prix de ton rachat.

ORAISON

La Patène apporte la paix.

Marie, nimbée de rouge, élève sous un dais de pourpre l'Enfant-Roi, deux anges offrent la fumée procellaire de leurs encensoirs, et Jésus aussi s'auréole de sang, et les anges, et sur le ciel bleu, doré par les étoiles, des nuées de tonnerre s'amoncellent, couleur de colère et couleur de paix, couleur de sang.

ANTIPHONE

Le Roi était couché, le Roi dormait dans son lit royal, mais le nard de mon amour a pénétré son sommeil, et le Roi s'est levé et a dit : « J'entrerai dans ce corps à la bonne odeur et je dormirai là. »

Le Prêtre. — Que mes mains soient des mains innocentes.

Dans tous les siècles des siècles.

PRÉFACE

Les glorifications angéliques, les adorations archangéliques, la révérence des Dominations, le tremblement des Puissances, l'extase des Thrônes, la joie des Vertus, la volupté des Séraphins : Peuple, ton humble exultation atteindra, si tu es pur, à la concordance des Béatitudes.

Le Chœur. — *Sanctus, Sanctus, Sanctus*. Les yeux des anges sont sous leurs ailes, et nous, ta gloire nous aveugle, ô Seigneur.

L'Orgue. — Des ténèbres du profond exil, l'âme d'un seul bond s'exalte aux bleus violents de l'espérance, puis se profuse en laudations couleur de soleil.

De glauques ondulations agitent les abîmes, l'océan de la peur se soulève en vertes écumes, mais une main paraît sur la surface des eaux troublées et d'une cassolette invisible se répandent d'abondantes fumées violettes.

Les vagues humaines se gonflent vers le ciel, et dans les corps transfigurés les cœurs palpitent comme des roses au vent du matin, et les yeux sont vraiment de pures améthystes : des nuages candides dérobent les ventres frissonnants d'amour et tout s'apothéose dans la blancheur totale.

Le Chœur. — *O salutaris Hostia,*
Quae Coeli pandis ostium.

Le Prêtre. — Père clémentissime, accepte l'oblation sacrificatoire de notre servitude. Nous la signons de ton sang, nous la scellons de ton corps.

ORAISON

Magie d'une surnaturalité terrifiante, ô puissance absolue, invincible domination des mots, merveilleuse fonction des syllabes : *Verba consecrationis efficiunt quod significant :* et la parole, ici, est une immolation.

Jésus-Christ. — La Verge a poussé comme un cèdre et le cèdre a étendu des bras cruciformes : plantez la Croix du Salut.

ÉLÉVATION

L'hostie s'élève dans les flammes solaires : l'Agneau demeure et saigne sur la terre.

Le Prêtre. — Souviens-toi, Christ, du sommeil de la paix. Accorde-nous la paix du tombeau et le silence sacré des nécropoles.

Jésus-Christ. — Vous dormirez en paix trois jours, si vous m'aimez, et la pierre de vos tombes se brisera, et vous connaîtrez la Vie, si vous avez connu l'Amour.

Le Prêtre. — *Pater noster.*

ORAISON

Le Verbe est la splendeur de la gloire et la figure de la substance.

Le Chœur. — *Agnus Dei, qui tollis peccata mundi, miserere nobis.*

ORAISON

Les baisers sont les endormeurs des anciennes querelles, les baisers sont les pacificateurs corporels.

Le Chœur. — *Agnus Dei, qui tollis peccata mundi, miserere nobis.*

Jésus-Christ. — Plantez la Croix dans vos cœurs.

COMMUNION

Chair du Salut, Sang de l'éternelle joie, soyez la macération de ma chair et l'apaisement de mon sang. Je crucifierai mes désirs sur la croix du calvaire, je couronnerai mes pensées de la couronne d'épines, j'enfoncerai dans mon côté la lance du renoncement, je boirai le vinaigre de la dérision et nul plaisir jamais n'amoindrira mon âme.

Jésus-Christ. — Le plaisir s'arrête à l'unité et les douleurs sont au nombre de sept fois sept.

Le Chœur. — Pitié! Pitié!

Jésus-Christ. — Tout est consommé.

Le Prêtre. — *Ite, missa est.*

ÉVANGILE

Au commencement était le Verbe et le Verbe était en Dieu et le Verbe était Dieu. Dès le commencement il était en Dieu. Toutes choses ont été faites par lui et sans lui rien n'a été fait. En lui était la vie et la vie était la lumière des hommes : et la lumière était dans les ténèbres et les ténèbres ne l'ont pas comprise.

Amen.

LE RIRE

Cette messe, nous l'entendîmes dans un monastère de Bénédictines, sous un vitrail tel que des feuilles givrées, tombées en une eau d'aube, parmi la gloire d'un chant blanc crucifié d'or. La grâce coula de l'hostie bléssée, quand l'ostensoir fut levé au-dessus des guimpes adoratrices, et nous étions aveuglés par les intarissables flots du sang sacré de la Rédemption.

Nous l'entendîmes dans l'escurial sépulcre des Carmélites, parmi la ténèbre d'un chant de mort assombri encore de tout le deuil de la grille et du voile, — car il n'y a nulle joie pour qui est enserré par la chair, — et nous tombâmes à genoux, écrasés de stupeur et d'affliction, prêts à crier : pardon! aux expiatrices de nos plaisirs, à ces mourantes de la perpétuelle agonie, et il nous sembla que de baiser un de ces pieds nus serait un acte, en soi, indulgentiel et absolutoire.

— « L'obligatoire exultation de la Bénédictine, me dit Hyacinthe, est peut-être plus effroyable encore. Il leur faut une somptuosité de cœur vraiment déconcertante...

— « Oui, répondis-je, mais l'idéal d'être glorieux contrarie moins les instincts humains. Il n'est que le développement paradisiaque de la tendance universelle de l'être à s'épanouir et à jouir. Mais vous dites presque vrai : la joie d'une contemplatrice de la Résurrection dépasse la médiocrité de la femme autant que la tristesse sacrée de celle qui œuvre dans la nuit perpétuelle son propre suaire et le suaire du Christ... Aussi, songe comme elles sont loin, ces choses ; au milieu de nous et étrangères à la marche de nos vies. Si nous étions plus de notre temps, Hyacinthe, toi cueillie comme une fleur de jadis dans la flore d'une tapisserie des Flandres, et moi qui ai aboli tout contact d'âme avec une humanité salissante, — si nous étions vraiment de notre temps, la seule existence de quelques centaines de ces dédaigneuses vierges serait une insulte à notre incontestable modernité. Et pour ne pas nous fâcher contre ces inoffensives sottes qui n'ont pas su extraire de la vie une seule goutte d'alcool ou de poison, — pour bien leur faire entendre que nous les apprécions telles que des enfants sans expérience, inaptes à la triple jouissance du lit de la table et du tréteau, — pour qu'aucun doute enfin ne contrecarre nos avantages de citoyens civilisés, nous nous bornerions à rire. »

Là, je sortis d'un carton une large feuille de papier de Hollande où la main d'un instituteur primaire avait consenti à calligraphier pour moi ces lignes précieuses où palpite (j'ose le dire) l'âme de la France régénérée :

> *Chambre des Députés*
> *Débats parlementaires*
> *Séance du 9 décembre 1890*
> *Compte rendu officiel*
> —
> *M. B..... = « Les Carmélites, congrégation contemplative (Rires à gauche)... »*

Hyacinthe fut très éffarée de vivre sous le règne d'une telle stupidité. Nous crûmes un instant que les temps prédits par Flaubert s'accomplissaient.

— « Que vous importe ? dis-je en remettant dans son carton l'exemple d'écriture. Nous ne sommes pas solidaires de ces revendications d'imbécilité, puisque nous les jugeons, et puisque nous en souffrons. Que la tourbière les enlise et les dévore, eux, nos frères : regardons-les descendre, et quand le sommet de leur crâne vide dépassera seul la ligne de boue, nous mettrons une lourde pierre dessus, de crainte que la terre intérieure ne les revomisse, par dégoût. Ah ! je voudrais avoir le courage de travailler à l'avilissement de mes contemporains... Corrompre leurs filles, quelle bonne œuvre ! Insinuer l'obcène dans les enfantines mains qui caressent la barbe paternelle de ces mufles ! Les empoisonner au risque de périr nous-mêmes ! Faire comme ces moines espagnols qui buvaient la mort en la faisant boire à la canaille française violatrice de leur monastère ! »

Hyacinthe me calma par des secrets qu'elle partageait avec toutes les créatures d'amour, — et nous dormîmes.

Je rêvai que pour lui épargner le méphitisme de l'heure présente je l'avais vouée à la clôture du Carmel. Le soir, à l'heure de l'office, j'allais dans la chapelle de nuit écouter les voix de ténèbre, et, parmi toutes les voix voilées de deuil, je distinguais la voix de ma chère amante, morte et toujours Hyacinthe.

Jamais je ne fis un plus beau rêve.

LA FLAGELLATION

En notre étude de la théorie mystique, si parfois des mots scandalisaient mon amie, je les interprétais à son intelligence avec toute la déférence due aux textes des grands saints. Elle apprit que les caresses de la main gauche, ce sont les premières souffrances, preuve du sacrifice accepté; et les caresse de la main droite, tout le manuel sanglant de l'amour : le baiser des épines, l'attouchement des lanières plombées, la morsure adorable des clous, la pénétration charnelle de la lance, les spasmes de la mort, les joies de la putridité.

Nous méditâmes sur cette nomenclature. Hyacinthe se surexcitait, méprisant son apparence corporelle et décidée à prouver ce mépris par des actes.

Un soir, comme je lisais la vie de sainte Gertrude, la vierge aux ingénieuses dilections qui eut le divin caprice de remplacer par des clous de girofle les clous de fer de son crucifix, — et j'en étais à la page où Jésus lui-même, pour charmer sa bien-aimée, descendit vers elle, et, la tenant embrassée, chanta :

> *Amor meus continuus,*
> *Tibi languor assiduus,*
> *Amor tuus suavissimus*
> *Mihi sapor gratissimus...*

Je cherchais la signification seconde de ces quatre vers, — lorsque Hyacinthe m'apparut toute nue, me priant de la flageller. Elle tenait à la main une discipline de chanoinesse, sept cordelettes de soie en détestation des sept péchés capitaux, et sept nœuds à chaque cordelette pour remémorer les sept manières de faillir mortellement dans le même mode sensationnel.

— « Les sept cordes de la viole ! dit-elle en souriant étrangement. Les roses, ce seront les gouttes de sang qui fleuriront ma chair. »

Pas plus qu'aucune autre femme de race, Haycinthe n'avait de pudeur, mais son ardeur pénitentielle seule expliquait la hardiesse de s'illuminer devant moi en plein nu, sans nul geste de voiler les secrets de sa forme sexuelle à peine pubescente. Elle était si jeune encore, toute frêle, d'une pureté athénienne et si pleine de la grâce des inconscientes Èves, que le cœur me faillit d'ensanglanter cette innocence.

Pourtant j'obéissais : des lignes rouges et des points rouges stigmatisèrent les épaules de mon amie, ses hanches, ses reins, et des piqûres s'égaraient vers le ventre et vers la candeur des seins peureux.

Elle s'agenouillait les mains jointes, se relevait les bras étendus, courbait le dos, dressait dans un frisson sa tête pâle, criant quand le fléau tardait à descendre :

« Encore ! Encore ! »

Je suis sûr qu'elle eut l'illusion d'un grave martyre, d'une fustigation digne d'Henri Suso ou de Passidée, qu'on trouvait dans leurs cellules évanouis parmi un ruisseau de sang et des lambeaux de chair attachés à la ferraille et aux molettes du solide martinet tombé de leurs doigts las, malgré leur volonté de souffrir jamais lasse, — mais j'avais été clément, voulant bien contenter un caprice, mais non souiller de cicatrices une peau dont l'intégrité m'était chère.

« Encore ! Encore ! »

Elle me regarda avec des yeux en route vers l'extase, des yeux où le blanc, comme en une éclipse, mangeait déjà le rayonnement des prunelles. Sous la partielle occultation de l'iris des lueurs folles passaient, où la cruauté, qui n'était pas dans le bourreau, pointait en éclairs et en flammes aiguës.

A ce moment, elle était debout. Ses bras s'abattirent autour de mon cou et elle tomba, m'entraînant avec elle dans le plus mémorable abîme de divagations voluptueuses, — et nous demeurâmes tout au fond pour jamais.

LES BAGUES

Ensuite de cette crise de débauches amères nous perçumes en nos faces exténuées les regards ironiques de ceux qui n'ont plus rien à désirer l'un de l'autre. Nous ne parlions plus guère et Hyacinthe chantonnait avec insistance, terrassée d'avoir vidé, jusqu'à la dernière goutte, le calice d'or de Babylone. Ce fut pour moi, durant ces jours désenchantés, l'occasion de quelques réflexions définitives. Je vis tout les dangers du mysticisme à deux, et je me repentis d'avoir associé une femme à des imaginations aussi déconcertantes pour la raison et l'équilibre corporel. Je sentais que plus j'avais voulu élever mon amie en intelligence et en amour, et plus elle s'était complue à des chutes et à des culbutes; elle avait l'art et l'audace de clore tous les élans vers en-haut par un élan dernier vers en-bas, suivant la logique de sa nature, évidemment plus lourde que l'air spirituel.

Comme elle était toujours de mon avis, guettant mon geste ou mon opinion pour s'y conformer avec ingénuité, je n'avais finalement acquis sur son essence que des notions négatives. Telle que ce Fakir qui vidait les courges par le magnétisme de son regard, elle buvait ma pensée à travers mes yeux, contredisant d'avance ce que j'allais proférer, pour se donner ensuite le mérite d'avoir été persuadée. Hors de moi, vivait-elle ? Comment le savoir ? Très peu, d'après son aveu, et je crois que c'était vrai, car elle ne manifestait jamais aucun désir original et tous les mouvements de son âme semblaient déterminés inclusivement par la sensation immédiate qu'elle tirait d'un contact intellectuel ou sensuel avec ma personnalité. Si le choc avait été trop violent, ses fibres se congestionnaient assourdies, les vibrations étaient muettes et je ne sentais plus près de moi qu'un animal obtus et stérilement moqueur.

C'est ce qui arriva après la nuit de la flagellation ; elle retomba dans la sécheresse : plus de désir physique, plus d'amour spirituel; plus de chair, indifférence totale. Je me trouvais sévèrement étreint dans ce cercle et forcé de renoncer à mes projets d'ascension mystique, la corporéité devenant à la fois, d'après mes expériences et mes observations, le moyen et l'obstacle, le moteur et le frein des élévations surhumaines.

Puisque je m'étais trompé, il s'agissait

maintenant de rendre cette femme à son état normal et de reprendre moi-même le cours ordinaire d'une vie sans aspirations indiscrètes. Mais notre rôle était différent, sans doute : nous ne pûmes réussir à nous organiser une bonne petite existence bien médiocre, bien honnête, — destinés de toute éternité au tout-ou-rien, — et le détachement définitif s'accomplit.

Un soir, je m'étais agenouillé près du divan, — où elle rêvait, les yeux vagues, éternellement couchée, — et discrètement, avec l'intention de ne formuler que des plis esthétiques, j'avais dégrafé sa robe des soirs, tout au long, et, bouillonnée autour de son corps nu, l'étoffe simulait l'écume du flot qui, ayant apporté là Hyacinthe, allait peut-être la remporter. En une curiosité d'enfant, je la regardais respirer, essayant par jeu d'exciter à la révolte les ondulations comprimées, écrasant de la paume de la main la rébellion du ventre; les seins fuyaient, disparus, fleurs de magnolia sous la neige. Je m'amusais, je suivais de l'œil et du doigt le cours des veines, qui allaient se perdre, comme des ruisselets de sève, parmi la floraison d'or des jonquilles et des soucies.

— « Aimez-vous cette améthyste? me demanda-t-elle, en cueillant à son doigt une bague ancienne. Elle est orientale, n'est-ce pas? Je l'ai retrouvée dans mon coffret, sous un collier de perles.

Elle se releva, rajusta nonchalamment sa robe par quelques agrafes de place en place, et, vidant sur un morceau de velours noir le coffret aux bagues, elle les alignait, les tournait vers la lumière, les esseyait à ses doigts.

— « Vous plaisez-vous toujours à la campagne, Damase? Oh! moi, je voudrais revoir ce grand salon où nous nous connûmes, et mes sœurs, les pâles filles décolorées par les siècles, et retourner un peu en ce chœur de grâces, et je vous sourirai, Damase, quand vous passerez le long de la vieille tapisserie.... »

La chambre me parut pleine d'ombres funéraires. J'ouvris la fenêtre : les yeux dans la nuit, je vis plus loin que la nuit, et, les oreilles dans le silence, j'entendis plus que du silence :

« Les préventives clartés et le son des matinales cloches qui m'avaient guidé vers Haycinthe ; la connaissance de nos âmes antérieure à l'union de nos sens ; les premières paroles de mon amie, d'ironique et si haute raison, dès l'instant qu'elle eut surgi devant moi, et son insistance à se dire quoique vivante, aussi morte que les apparences tissées avec des laines et colorées avec des rêves. Vivante ! Je le crus, puisque je la vouai à la Douleur quand elle-même se vouait à la joie d'utiliser pour des sensations la nouveauté de son sexe, — et puisque je cédai à ce double désir, qui n'est pas contradictoire, — et puisque je voulus magnifier son âme. Je la déflorai; il le fallait, afin de la faire fleurir : fut-ce donc une illusion ? Et quand elle me confiait : « Ce n'est pas bien supérieur à manger une pêche », — et quand elle déclarait pourtant vouloir jouir encore de mon contact, — et quand elle était froissée de certaines manières d'aimer trop ingénieuses, — et quand elle priait, — et quand elle voulait comprendre, — et quand le sacrilège l'exalta, — et quand elle me railla, en me défiant de dénouer le nœud de sa complexité, — et quand je la fis monter sur la table de torture, — et quand elle pleura, — et quand nous gravîmes, mouillés de la sueur du péché, la montée obscure du Calvaire, — et quand je fustigeai, sur la nudité de son dos, l'impertinence de l'éternel féminin, — n'avait-elle pas tous les dons les plus « essentiels de la vie ? »

La voix du silence me répondit :

« Tous les dons essentiels du rêve. »

Je quittai la fenêtre. Hyacinthe jouait toujours avec ses bagues. Elle était toute pâle : il me sembla que des rais de lumière passaient au travers de son corps, — de ce corps qui venait pourtant de témoigner à mes mains son évidence charnelle et sa véracité.

Je me sentais froid, j'avais peur, — car je la voyais, sans pouvoir m'opposer à cette tranformation douloureuse, — je la voyais s'en aller rejoindre le groupe des femmes indécises d'où mon amour l'avait tirée, — je la voyais redevenir le fantôme qu'elles sont toutes.

11 septembre-21 novembre 1891.

LE CHATEAU SINGULIER

CONTE DE FÉES

> « *Une histoire toute nue comme il convient à une telle babiole.* »
>
> SIXTINE, VI. *Figure de rêve.*

CHAPITRE I

Après que l'on avait longtemps voyagé sur le dos maigre d'un aride plateau, où les blés étaient nains, on descendait, par une pente insensible, vers de l'herbe et même des arbres. Une petite rivière à peine plus grosse qu'un ruisseau, causait ce changement de climat, dont se réjouissaient intimement les rares pèlerins égarés jusqu'en ce pays lointain. L'herbe, à mesure que l'on allait, devenait plus épaisse et plus verte ; le long du ruisseau, elle s'élevait si drue et si haute, qu'à peine si les blanches couronnes des reinesdes-prés émergaient de quelques lignes au-dessus de l'océan d'émeraude ; on ne voyait bien qu'un sombre rideau d'aulnes et de saules sous lequel coulait hâtive l'eau vive du ruisseau salutaire.

Jusqu'au ruisseau, la route durait, limitée par des rigoles, consolidée par de rêches graviers ; mais, le pont de bois passé (quelques planches cimentées par de la mousse), c'était la prairie, l'herbe éternelle qui s'en allait en absolue monotonie. Un vague sentier pourtant se frayait dans la verte mer, mais les gramens se penchaient et se baisaient au-dessus de la trace délaissée ; quand on s'y engageait, les jambes, en redressant les herbes amoureuses, faisaient jaillir des étincelles de rosée, une perpétuelle fusée de petits diamants qui s'en allaient tomber et mourir parmi les émeraudes, leurs sœurs.

Si une voiture se risquait au-delà du

pont de planches, le cheval, comme un homme, suivait la sente, éparpillant généreusement les fugitives joailleries, et les roues, mordant l'herbe, y traçaient un sillage passager.

C'est ce qui se passa, quand Vitalis, appelé par le désir, se mit en route pour aller aimer la princesse Elade, qu'il n'avait encore vue qu'en songe.

Rien de plus doux, d'abord, qu'une telle traversée ; l'allée la mieux sablée est rude en comparaison de cette harmonieuse prairie. Vitalis, à certains moments, quand l'herbe montait jusqu'au-dessus des moyeux, se croyait en barque, porté par une mer d'algues, et le vent, qui venait de loin, rasant le sommet des profondes vagues, ajoutait à son illusion : il était enchanté.

Depuis plusieurs années déjà, Elade et Vitalis échangeaient de tendres lettres, mais si respectueuses que, pour un étranger, l'amour y eût été indéchiffrable. Cela aurait pu continuer bien longtemps encore, car Vitalis, heureux de ce commerce subtil, n'avait jamais souhaité de dormir dans les bras de sa belle amie. Belle, — il la savait belle, par la pureté de son écriture, la délicatesse de ses pensées, la finesse rare de son parfum favori; belle, — mais beauté lointaine et inaccessible, beauté de madone ou de fée : il l'aimait en pensée seulement.

Mais Elade était femme. Elle voulut connaître son bien-aimé, le toucher, le baiser, le posséder, car les femmes ont les instincts charmants de l'égoïsme, tels qu'ils s'épanouissent dans les gestes des enfants encore dénués d'hypocrisie.

Elle écrivit donc à Vitalis : « Vous terminez vos chères lettres par ces mots qui me troublent et parfois me brûlent :
— Je vous baise les doigts, — ou, Je

baise vos blanches mains, — ou, Je porte vos mains pures à mes lèvres, — ou encore par d'autres manières de dire, toutes charmantes, — eh bien! venez faire ce que vous dites, et non plus seulement par métaphore, venez! Je vous les tends, mes deux mains, et je les donne à vos lèvres. Vitalis, vous aussi, donnez vos lèvres à mes mains. Je vous tends les mains et mes mains vous attendent. »

Vitalis fit atteler la voiture — un peu surannée — qui servait à sa mère à suivre les chasses dans leur forêt patrimoniale, et il partit pour le Château Singulier.

Après donc qu'il eut franchi le pont de planches et qu'il fut entré dans la prairie indéfinie, il sentit que son cœur se mettait à battre avec véhémence et, sans songer que cela pouvait avoir pour cause la crainte de l'inconnu, il murmura plusieurs fois à mi-voix : « Je l'aime, je l'aime ! Je baiserai ses mains, qui m'ont écrit de si douces choses; je baiserai ses yeux, qui m'ont tant de fois regardé à travers les espaces complaisants. Elade, je vous verrai donc, — je verrai donc vos mains, vos mains, vos mains ! »

Il s'exaltait, mais pas tant qu'il ne pensât au droit chemin et, comme il sondait l'horizon avec une certaine anxiété, il aperçut, encore assez loin devant lui, un arbre tout seul. Le sentier s'effaçait de plus en plus ; il mit le cheval dans la direction de l'arbre. L'arbre portait, écrits sur une planchette, ces mots consolateurs, mais illusoires, car il n'y avait aucun chemin visible : *Chemin du Château Singulier*.

Vitalis eut un moment d'angoisse ; mais en cherchant à s'orienter, il aperçut encore un arbre, tout seul, au lointain. Il mit le cheval dans la direction de l'arbre.

L'arbre portait la même inscription : *Chemin du ChâteauSingulier*.

Vitalis interrogea une troisième fois l'horizon : un troisième arbre apparut. Longtemps, longtemps, Vitalis alla d'arbre en arbre, à travers l'océan changeant de la prairie indéfinie.

Quand il avait passé le pont de planches, le soleil se levait et souriait ; maintenant, il se couchait et pleurait des larmes de sang. La nuit s'épandit ; le brouillard, comme une houle invincible, inonda la prairie indéfinie, — et Vitalis, perdu dans les ténèbres s'endormit et rêva.

Il murmurait à mi-voix, tout en rêvant :

« Elade, je vous baise les mains, — je baise vos mains blanches, — je baise vos doigts purs, je porte vos doigts à mes lèvres, — je penche mes lèvres vers vos adorables mains, vos mains, vos mains... »

CHAPITRE II

Quand Vitalis s'éveilla de son sommeil et de son rêve, le brouillard s'était transmué en lumière et le Château Singulier, palais et prison de la princesse Elade, barrait de ses lourds et sombres granits l'horizon de la prairie indéfinie. Nulles murailles, nulles grilles, nulles barrières n'en défendaient les approches, mais de larges douves l'encerclaient d'une sûre protection par l'effroi ininterrompu de leurs eaux profondes et noires.

Quand Vitalis arriva au bord des douves, un bac se détacha de la rive intérieure et vint s'offrir à lui ; il s'embarqua et, dès qu'il eut abordé dans la cour du château, Elade elle-même s'avançait à sa rencontre.

Sans peur et sans simagrées, elle s'avançait, souriante et les bras tendus, toute sa personne déjà offerte en amour. Elle baisa Vitalis sur les lèvres, — salut dont elle donnait la joie aux visiteurs élus et appelés par son désir.

Vitalis ne fut pas étonné d'un tel accueil : il répondit par de tendres propos et suivit la princesse vers le porche seigneurial.

Installés en un obscur petit salon qui ressemblait à une chapelle sans Dieu, ils causèrent. Vitalis conta les aventures de son voyage ; comment il s'était perdu dans la nuit ; comment, à son réveil, il avait aperçu, évoqués là sans doute par un art magique, les lourds et sombres granits du Château Singulier...

— Enfin, je vous possède, mon cher

amant, interrompit la princesse Elade, et si vous êtes ici par enchantement, ce que je ne sais, tout de même vous y êtes, — et je puis toucher vos yeux de mes lèvres. Oh! que j'aime vos yeux, mon beau Vitalis! Je les aime tant, que je voudrais les clore après y avoir enfermé mon image!

Vitalis se laissa baiser sur les yeux, puis il reprit son récit et il conta son rêve; il dit avec quelle ferveur, tout en dormant, il baisait les mains de la charmante princesse, et combien ce rêve l'avait troublé et réjoui...

— Voici mes mains, interrompit encore la princesse Elade. Sont-elles aussi douces en réalité qu'en songe? Rêviez-vous tantôt ou rêvez-vous maintenant? Comment faites-vous, Vitalis, pour discerner le rêve du réel? Moi, je rêve si fortement, qu'il n'y a aucune lacune entre mes songes et ma vie, — et je m'embarrasse peu de

savoir si mes sensations sont sages ou
folles : être aimée me contente, que cela
soit rêve, que cela soit réalité. Vous êtes
ici puisque je vous touche, puisque je
vous entends, puisque je vous respire ;
je n'en demande pas plus : Vitalis, ou
fantôme de Vitalis, je vous chéris pareillement ! Vitalis, ou fantôme de Vitalis, je
vous tiens et je désire vous garder. Vous
resterez !

— Vous me garderez, répondit Vitalis.

— Oui, je vous garderai, continua la
princesse Elade, car je vous aimerai tant
que vous perdrez la notion des jours et
des nuits, des heures et des minutes, et
vous resterez près de moi, — et vous me
sauverez...

— De quel danger, de quels hommes ?

— Des hommes qui viendraient après
vous, ô mon ami ! Car je suis condamnée
à aimer toujours, et à toujours aimer
celui qui m'aime, celui qui m'a désirée à

travers la prairie qui est mon Océan, celui qui a découvert le Château Singulier, celui qui, par sa seule présence, a donné des ordres muets au bac de mes douves, celui dont mes lèvres ont touché les lèvres. Il faut que j'aime, c'est ma destinée ; si je n'aimais pas, je mourrais, et si mon cœur se révoltait contre l'amour, j'éprouverais des affres plus douloureuses que la mort. Tu le vois, je suis la Prostituée.

— Tu es la princesse Élade, tu es mon amour.

— Ah ! tu m'aimes donc, malgré le Mot ? Alors, comprends !

— Non, dit Vitalis, je ne veux rien comprendre que la beauté de tes mains...

— Mes mains, ta chaîne ?

— Ma chaîne, dit Vitalis.

— Mais pourquoi ne veux-tu pas comprendre ?

— J'aime mieux t'aimer ; et d'ailleurs,

je suis venu ici pour cela et rien que pour cela. Je veux jouir de ta grâce et non de tes secrets, de tes épaules et non de tes confidences...

— Tu ne parlais pas ainsi dans tes lettres, Vitalis; tu ne séparais pas alors les épaules des confidences et tu souhaitais la possession de mon âme plus que celle de mes mains...

— Oui, répondit Vitalis, — mais maintenant que je t'ai vue, maintenant que j'ai goûté à ta beauté, je suis énivré de ton odeur, — et tu n'as plus d'âme parce que je n'ai plus d'âme. La Prostituée! Que veut dire ce mot? La plus prostituée, c'est la plus belle; la plus prostituée, c'est la plus puissante; la plus prostituée, c'est la reine... Oui, tu es la Prostituée et tu dois m'aimer, puisque je t'aime.

— Tu as compris sans le vouloir, dit Elade, mais tu ne sauras que plus tard tout ce qu'il y a de gloire dans le nom d'opprobre dont j'aime à me vêtir, — ô amant qui me sauveras d'être ce que je suis !

— Que veux-tu devenir ?
— Une femme.
— N'es-tu pas une femme ?
— Je ne suis pas une femme et je ne suis pas une vierge, — je suis Elade, celle qui pleure d'être sans sexe, celle qui, autour d'une âme féminine, sanglote de n'avoir pu assembler que des éléments neutres — et nuls... Je pleure et je sanglote, Vitalis, parce que j'ai une âme de femme ; je pleure parce que mon cœur est tendre ; je sanglote parce que mon intelligence est douce et timide, mais surtout je pleure et je sanglote parce que je n'ai pas de sexe...

— Tu es un ange ? demanda Vitalis sur le ton soudain d'une railleuse ironie. Ah ! continua-t-il, en baisant avec ferveur les mains de la mystérieuse princesse, voilà une confidence imprévue et sur laquelle je garderai le secret, — si elle est fausse.

Elade, résigné, se prêta au simulacre d'amour que les gestes de Vitalis exigeaient de sa bonne volonté : pendant que les larmes tombaient sur ses joues pâles, de ses tremblantes mains elle détacha les agrafes de sa robe et elle consentit à paraître nue, — sœur d'une statue de marbre...

Vitalis s'en alla en disant :

— Je reviendrai, Elade, car je t'aime encore, malgré le crime de ta beauté. En voyant que tu n'avais vraiment pas de sexe, j'ai songé que je n'en aimerais que mieux la beauté de ton esprit, la grâce de ton sourire, la pureté de tes mains... Je reviendrai, — mais laisse-moi partir avant la chute du jour, car j'ai peur de m'égarer dans la prairie indéfinie.

Elade le laissa partir; elle suivit des yeux longtemps, longtemps, la voiture qui s'en allait en écrasant les herbes et les fleurs ; puis elle rentra, afin de préparer une toilette nouvelle, conforme aux désirs de l'Autre, de celui pour qui le bac se détacherait bientôt — une fois de plus.

Elle avait une toilette mauve ; elle en mit une amarante.

CHAPITRE III

Tandis qu'Elade changeait de toilette, Vitalis changeait d'âme. Sa rencontre avec le mystère l'avait mortifié, et, comme il n'avait pu se plier aux lois des joies supérieures, il se consolait en les méprisant. Elade le regardait encore s'éloigner vite et fuir vers des paysages cléments, qu'il se traitait déjà de rêveur stupide; il haussait les épaules, riait grossièrement et zébrait de coups de fouet la sérénité de l'air. Sa voiture surannée, à l'élégance d'hier, lui semblait douce et jolie, et il s'y prélassait dans l'habitude d'être un homme comme tout le monde, celui qui, revenant d'une déception oubliée dès la porte close, s'en va au devant d'un plaisir inévitable et naturel. En deux ou trois heures de route, il avait acquis l'intellectualité d'un cheval dont toute la psychologie est écrite par les mots écurie, avoine et litière : sortir des brancards, secouer sa crinière, hennir, rentrer chez soi, dans le vénérable asile de l'auge et du râtelier.

A mesure qu'il s'éloignait du Château Singulier, le paysage redevenait honnête et vrai : plus de surnaturels brouillards, plus de tromperies, plus d'arbres dressés seuls parmi le calme océan d'une prairie indéfinie ; tout était régulier et soigné, la route blanche et unie, ornée d'une bordure verte, d'un fossé sans eau et d'honorables parallépidèdes de cailloux savamment concassés. Il avait la sensation de rentrer dans la civilisation, c'est-à-dire dans l'uniformité, et il se réjouissait. Les champs étaient de blé, à droite, et à gauche, de colza, herbes encore, mais de verts si différents, l'un comme de velours, l'autre comme de l'envers d'un velours.

Au sortir du mystère — le mystère pour certains est toujours un peu ridicule, — un spectacle si bien ordonné, si prévu, si connu, avait je ne sais quoi de réconfortant dont Vitalis se gonfla : des idées de lucre et de lubricité lui venaient en foule, et il les accueillait avec une politesse empressée : « Entrez, entrez, bonnes idées de lucre et de lubricité! Les portes de mon âme régénérée par la nature ne sont jamais fermées pour vous; vous êtes les amies de jadis et d'aujourd'hui, de demain et de toujours; votre vue consolide mes principes et vos chuchotements chatouillent mes oreilles comme les vibrations du violon vital. Ne suis-je pas Vitalis? Oui, je suis celui qui participe à la vie et à la vérité de sentir et de compter. Entrez,

entrez, bonnes idées de lucre et de lubricité! Moi, je distingue fort bien le connaissable de l'irréel et le pondérable de l'inconsistant; de l'or et des croupes, de la chair et de l'argent, voilà ce qui me réalise. Oh! posséder toutes ces terres et tous ces arbres, tous ces blés, tous ces colzas, — et les vendre! Et avec l'argent de la vente, acheter de l'amour, du véritable amour, de l'amour sans pudeur et sans soupirs, de l'amour amical, tiède et pur. Il n'y a de pur que ce qui est naturel et il n'y a de naturel que ce qui est animal. Entrez, entrez, la porte est toujours ouverte et mon âme est régénérée par la nature, bonnes idées de lucre et de luxure. »

L'âme que venait de revêtir Vitalis était légère ainsi que du linge blanc lessivé par des sorcières; c'était une âme inimaginablement diaphane, et tellement que sa pensée, au travers de ce linceuil, était aussi visible qu'une fleur sous les vitres d'une serre.

Une bergère passa.

— Ho! la bergère, où sont tes blancs moutons?
— Mes blancs moutons sont tous à l'abattoir.

Et la bergère, envoyant un baiser à Vitalis, entra dans un chemin creux.

Vitalis descendit de voiture, attacha son cheval à un arbre, et il entra dans le chemin où la bergère, ayant l'air de fuir, accrochait adroitement sa robe à toutes les ronces.

Une fille est faite pour cela, et lorsqu'on erre par les chemins creux, ce n'est pas pour tourner le dos à l'occasion. Vitalis l'eut à peine touchée, qu'elle glissa, — et ils avaient la tête sous la mousse et les pieds dans la boue.

Un écu? Cela vaut toujours un écu.

La bergère chantait, pendant que la voiture s'éloignait sur la route régulière et soignée :

— Ho! la bergère, où sont tes blancs moutons ?
— Mes blancs moutons sont tous à l'abattoir

Le paysage encore une fois changea. Il devint dur et triste ; la route rugueuse et coupée de rides s'en allait entre ces collines de grès escaladées par d'anémiques genévriers que des chèvres maigres secouaient avec d'étranges airs de tête ; entre les collines de pierre, un ruisseau rampait sur les cailloux comme un serpent malade et, au loin, c'était la détresse désespérée d'un ciel dévoré par de sombres et hideux nuages. Les nuages s'abaissèrent, descendirent jusque sur les collines de grès où les chèvres maigres cessèrent soudain de secouer les genévriers.

« C'est ma propre turpitude qui m'enveloppe et qui m'accable, songea Vitalis. Je suis parti à la conquête de l'Amour et, lâche devant le mystère, fuyant à la première objection, comme un esclave au premier coup de bâton, je suis allé me vautrer, dans la boue d'un chemin obscur, sur la chair méprisée d'une fille d'aventure! Ah! maintenant, je comprends la chanson de la bergère et comme sa réponse fut bien celle qui m'était due! Moi aussi, je viens de les mener à l'abattoir, les blancs moutons, mes désirs et mes rêves, et ils ne bêleront plus jamais, ils sont égorgés. La bergère fut ma complice, mais le crime était commis dans mon cœur avant que je n'eusse rencontré la complice que l'enfer envoie toujours à celui qui veut faire couler le sang des agneaux. Elade, Elade!... Non, il est trop tard, mais reviens, bergère! L'habitude de la boue atténue sa laideur; la boue peut même devenir douce, si elle est tiède; pour n'avoir pas honte de son animalité, que l'homme redevienne un animal simple, et, pour perdre le désir malsain des étoiles, qu'il vive le long des chemins obscurs... Oui, reviens, bergère, et tu seras la compagne de ma honte et la confidente du mépris que je profère pour tout ce qui dépasse la hauteur de ma tête, pour tout ce qui échappe à mes morsures ou à mes baisers !

» Elade, Elade !

» Non, — tous les agneaux sont égorgés... »

— Ho ! la bergère, où sont tes blancs moutons ?
— Mes blancs moutons sont tous à l'abattoir.

CHAPITRE IV

Ayant offert aux glaces magiques de sa chambre solitaire la joie nulle de son corps d'ange, Elade revêtit la robe amarante que lui imposaient l'ordre des ch(:s et le règlement particulier de sa destinée, puis elle se coucha mélancoliquement sur des cousins brodés de songes.

Quel conte de fées qu'une telle vie et quel sombre enchantement! Rester là. enclose, prisonnière d'un palais, d'un charme et d'une volonté, les yeux toujours prêts à l'éclair, la bouche toujours dispose au sourire et au baiser, la main dressée selon l'éternel geste d'accueillir volontiers le voyageur, — c'était la vie de la princesse Elade, et elle commençait de la subir sans espoir.

Quoique princesse et appelée à une signification très haute, elle avait des ennuis de femme,et, statue, des désirs de chair qu'elle savait irréalisables. Tant d'hommes étaient venus vers elle et si sottement impuissants!

Mais le dernier surtout l'avait déçue.

Après de longues et secrètes correspondances, et attiré par l'odeur de l'idéal, Vitalis avait subi avec courage les premières épreuves, mais la dernière avait découragé soudain sa bonne volonté d'homme fait pour les satisfactions évidentes et les plaisirs humains. Et qu'attendre, après celui-là?

Afin de se délivrer elle-même, elle souhaita d'être androgyne et bi-sexuelle; ayant niée le sexe adverse comme elle avait déjà niée le sien, obligatoirement, elle eût retrouvé dans l'unité la paix intellectuelle, et, dans la pauvreté sensuelle, la richesse inouïe des luxures transcendantes. Non! le salut ne pouvait venir que des au-delà de sa prison : ayant donc réfléchi encore un peu, elle se leva, secoua les plis de sa robe amarante et, arrivée au seuil, sous le porche, elle attendit.

Un signe parut bientôt parmi les grandes herbes, puis une forme se dessina, celle d'un jeune voyageur qui s'approchait lentement, d'un pas lourd et brisé; le bac se détacha de la rive intérieure; et le nouvel amant d'Elade entra dans le mystère du Château Singulier. Il fut accueilli comme l'avait été Vitalis, par les mêmes caresses, par les mêmes paroles, et, comme lui, introduit dans la sombre petite chapelle.

Par son ennui même, par sa pâleur, son air de comprimer des larmes, Elade était plus que jamais séduisante. Ses yeux un peu baissés de ton, s'éclairaient d'une lueur désespérée, délicieusement imploratrice, et sa voix, de la couleur d'une violette mourante, parfumait de langueur et de douceur la petite chapelle aux vitraux fanés.

Psallus à genoux, l'écoutait et la regardait ; et, quand il entendit le terrible aveu, qu'Elade, cette fois, fit avec désinvolture, comme s'il elle eût confessé le manquement le plus ordinaire et le plus naturel, — il baisa, pour toute réponse, les mains qui tremblaient un peu dans les siennes.

— N'ai-je point parlé clairement, trop clairement ? demanda Elade surprise.

— Elade, dit Psallus, vous êtes une statue toute pure, et je m'en réjouis, je vous aime telle que les enchantements vous ont faite, et si vous expiez quelque faute, ou si vous êtes la victime d'une méchanceté supérieure aux hommes, je veux expier et je veux souffrir avec vous. Mais tes yeux et tes cheveux, tes épaules et ton sourire sont déjà d'inépuisables coffrets d'Amour, et d'ici que j'aie aimé infiniment chacune de tes grâces visibles et chacune de tes grâces spirituelles, nous serons devenus d'immortelles pensées. Que m'as-tu dit, vraiment? Que tu n'as pas de sexe? En es-tu bien sûre? Ta beauté est d'une femme, ton âme est d'une femme, ton intelligence est d'une femme, — je puis donc t'aimer, et je t'aime. Je ne suis pas venu de si loin et par tant de fatigues, à travers un pays hostile et ce désert effroyable de verdure, cet océan d'herbe et de nuées, je ne suis pas venu vers toi en quête d'un spasme dont toute femme a le secret. Je t'ai désirée telle que tu es, et telle que tu es je te désire encore, mais j'accomode mon désir à ton essence. Ce que tu m'offres, je le prends, et ce que j'ai, je te le donne, — mais je te donnerai peut-être plus que tu n'attends.

— Tu me donnes tout, Psallus, tu me délivres !

— Oui, je te délivre de toi-même et de la peur de ne pas plaire. En t'aimant telle que tu es, je t'enseigne à t'aimer toi-même et à te vouloir telle que tu es. L'enchantement qui te cloue ici, c'est la défiance de toi-même et la crainte des dieux extérieurs. Sois ton propre Dieu, Elade, ô intelligence sacrée rendue adorable par tant de beauté vue ; prends conscience de toi et ne quémande pas la complaisance des regards sinon amis et d'êtres parallèles à ta force ; Sois Toi, Elade, et méprise tout ce qui s'éloigne de toi, et brise tout ce qui s'oppose à ta volonté — obscure, mais qui va resplendir — d'être libre.

— Je suis donc libre !

— Oui, dit encore Psallus, je suis venu t'apprendre que tu n'es plus la prostituée. Le salut est personnel : deviens l'objet unique de ta propre charité ; choisis ton plaisir, choisis ton amour, choisis ta morale et ne reçois d'autre commandement que celui qui s'élabore dans le mystère de tes cellules et qui profère son cri saint dans la vibration de tes nerfs. Intelligence, pourquoi veux-tu te donner à comprendre ? Comprends toi-même et ne t'inquiète pas des bruits du dehors. Sois absolue. Baisse l'épaule et dégage-toi, si quelqu'un te met la main sur l'épaule, et si un homme veut te baiser les lèvres, mords-le : c'est un faible qui veut te prendre ta force, ton souffle et peut-être ton âme...

Longtemps, ils se réjouirent de paroles d'amour et de liberté. Elade, guérie de ses doutes et de ses timidités, n'avait plus honte ne ne pas être pareille aux autres femmes, et même elle commençait sagement à s'enorgueillir des singularités de sa nature ; mais à mesure que grandissaient son estime et son amour de soi-même, elle sentait renaître en elle des puissances abolies : son âme miraculisée miraculisait son corps.

— Psallus, dit-elle joyeusement, me voilà métamorphosée en femme.

CHAPITRE V

Sauvée de l'esclavage conventionnel, libérée des préjugés humains, arrachée aux mâchoires de l'Orque, nouvelle Andromède, Elade suivit son Persée. Ils quittèrent le Château Singulier et entrèrent dans la prairie indéfinie, que leur volonté d'être heureux et fiers peuplait d'imaginatives joies.

Le sentiment de leur liberté les ravissait; ils s'en allaient, faisant mille folies, répondant l'un et l'autre à des phrases qui n'avaient pas été dites, comprenant tout, résolvant tout, étonnés de rien, surpris seulement, si leur pensée revenait un peu en arrière, d'avoir longtemps vécu en dehors de la plénitude et de la certitude.

Par la délivrance dont il avait été l'opérateur, Psallus achevait de se délivrer lui-même de toutes les tyrannies inventées par les faibles pour restreindre la volonté des forts. Il niait hardiment et noblement tout ce qui n'était pas en conformité avec sa nature essentielle; sa personnalité s'affirmait au point que rien ne lui paraissait plus défendu; il mettait la main sur tout, sur les étoiles comme sur les pâquerettes, sur l'arbre et sur Dieu.

— Il pleut des pensées, dit Elade. Tendons les oreilles, ouvrons la bouche et les yeux, nous seront pénétrés d'infini.

— Dieu est en nous, puisque nous sommes libres, dit Psallus. Les pensées dont l'air est plein, c'est la volatilisation de notre haleine; nous nous respirons nous-mêmes, car il n'y a rien d'extérieur à nous, et la création tout entière part, comme une fusée, d'entre nos deux sourcils.

Ayant joué avec les idées les plus hautes et les plus subtiles, ils eurent le droit de devenir deux enfants et de s'ébattre dans la campagne, tels des éphèbes sortis de l'école et rendus à leurs plaisirs. Ils s'amusèrent donc de toutes les façons les plus aimablement puériles, et tous leurs jeux étaient harmonieux.

Elade s'étant assise au pied d'un arbre, Psallus se coucha près d'elle, et il lui baisait les mains. Elle ressentit, pendant ces douces minutes, de la tristesse et de la crainte; convalescente encore, elle doutait; elle pensait à l'état ancien dans lequel l'avaient maintenue les conventions humaines; quand Psallus toucha ses genoux, ils tremblaient un peu; mais la force, soudain, lui revint tout entière, avec la définitive conscience de sa gloire féminine : elle s'abandonna — et les portes du palais d'Ecbatane s'ouvrirent au cortège royal.

Ils se promenèrent encore, et tant, qu'ils gagnèrent un lointain village habité par des tisserands. De chaque porte sortait un bruit de métier, des soupirs de femme, des jurons d'homme, des cris d'enfant : c'était presque infernal. Au bout du village, une maison dominait, aussi sale, aussi laide que les autres, mais plus grande et d'apparence moins esclave ; la porte était ouverte, ils entrèrent.

Debout devant une glace obscure, une femme avilie par le fardeau de lourds et grossiers désirs peignait ses cheveux, des cheveux jaunes et rêches qui lui couvraient maigrement les épaules ; elle se penchait vers la glace obscure, essayait des sourires, relevait la tête, chiffonnait des rubans, puis reprenait son peigne, —

et la toilette de cette misérable semblait le travail le plus dur et le plus ingrat.

Trois enfants se roulaient par terre mâchant des feuilles de choux et cognant avec des morceaux de bois le pavé humide; ils grognaient comme des petits chiens et parfois pleuraient en ouvrant des bouches de lamproie. Oubliant ses cheveux, la mère s'agenouilla près du plus jeune et lui mit entre les lèvres un bout de sein qui ressemblait au nœud d'une outre ou au bouchon d'une calebasse; gavé, l'enfant revomit sur la triste poitrine maternelle un peu du pauvre lait qu'il avait bu, puis il s'endormit, — et la femme revint devant la glace obscure, infatiguable à peigner ses cheveux jaunes et rêches.

L'homme était au métier; il lançait la navette et la rattrapait avec certitude, et un effort de ses pieds et de ses reins à chaque seconde le coupait en deux; son seul repos était de renouer un fil cassé

17.

Elade et Psallus s'approchèrent et regardèrent. Elade soudain cria, en se serrant pleine d'effroi contre Psallus :

— Vitalis ! Dieu ! c'est Vitalis !

Le tisserand tourna la tête et dit, en renouant un fil :

— Oui, je me nomme Vitalis, et je gagne, en tissant de la toile, ma vie, celle de ma femme et celle de mes enfants. Qu'y a-t-il d'étonnant à cela ? Tout le monde fait de même, ici. Les métiers ronflent du matin au soir et souvent bien avant dans la nuit. Nous ne nous reposons que pour manger, boire, dormir et caresser la mère de nos petits. Nous sommes honnêtes et heureux quand la toile se vend bien, quand nous pouvons acheter avec le pain, du sucre d'orge pour les enfants et des rubans pour les femmes.

Elade, avec une grosse émotion, car elle avait aimé Vitalis, demanda :

— Vous êtes bien Vitalis, celui qui s'en

vint jadis vers la princesse Elade, enfermée dans le Château Singulier?

— Oui, je suis Vitalis qui essaya jadis de se nourrir de rêves. Ah! je suis bien revenu d'un tel régime! En sortant de chez la chimérique femme qui ne put me repaître que de divagations, je rencontrai celle-ci et je l'ai aimée sérieusement, en homme qui connaît la valeur de la vie. C'était une bergère. Quand je la vis pour la première fois, elle venait de conduire à l'abattoir le troupeau de ses agneaux blancs; je fis comme elle : j'égorgeai tous mes rêves, et, devenus pareils l'un et l'autre, nous nous aimâmes. Pour l'élever jusqu'à moi, je me fis semblable à celle que j'aimais et nous fûmes heureux. J'étais riche; peu à peu ma fortune a disparu, je ne la regrette pas: la richesse permet l'oisiveté, l'oisiveté permet le rêve, le rêve ronge les muscles, comme de malsaines vapeurs; maintenant, je travaille ; cela vaut mieux que de penser.

— Vous êtes un esclave ! dit Elade presque pleurante.

— Esclave, soit, répondit Vitalis. N'importe, je suis content de mon sort.

— C'est impossible, dit Elade. Révoltez-vous !

— Je suis un honnête homme, dit Vitalis.

— Soyez libre, dit Elade.

Le tisserand haussa les épaules :

— Laissez-moi travailler — comme un homme !

Elade et Psallus sortirent de la maison du tisserand, et Psallus dit :

— Il y a deux sortes d'hommes, les hommes libres et les autres. Laissons les autres.

— Laissons les autres, dit Elade.

Ils s'en allèrent par le monde jouir de leur liberté.

LE LIVRE DES LITANIES

LITANIES DE LA ROSE

A Henry de Groux.

Fleur hypocrite,
Fleur du silence.

Rose couleur de cuivre, plus frauduleuse que nos joies, rose couleur de cuivre, embaume-nous dans tes mensonges, fleur hypocrite, fleur du silence.

Rose au visage peint comme un fille d'amour, rose au cœur prostitué, rose au visage peint, fais semblant d'être pitoyable, fleur hypocrite, fleur du silence.

Rose à la joue puérile, ô vierge des futures trahisons, rose à la joue puérile, innocente et rouge, ouvre les rets de tes yeux clairs, fleur hypocrite, fleur du silence.

Rose aux yeux noirs, miroir de ton néant, rose aux yeux noirs, fais-nous croire au mystère, fleur hypocrite, fleur du silence.

Rose couleur d'or pur, ô coffre-fort de l'idéal, rose couleur d'or pur, donne-nous la clef de ton ventre, fleur hypocrite, fleur du silence.

Rose couleur d'argent, encensoir de nos rêves, rose couleur d'argent, prends notre cœur et fais-en de la fumée, fleur hypocrite, fleur du silence.

Rose au regard saphique, plus pâle que les lys, rose au regard saphique, offre-nous le parfum de ton illusoire virginité, fleur hypocrite, fleur du silence.

Rose au front pourpre, colère des femmes dédaignées, rose au front pourpre, dis-nous le secret de ton orgueil, fleur hypocrite, fleur du silence.

Rose au front d'ivoire jaune, amante de toi-même, rose au front d'ivoire jaune, dis-nous le secret de tes nuits virginales, fleur hypocrite, fleur du silence.

Rose aux lèvres de sang, ô mangeuse de chair, rose aux lèvres de sang, si tu veux notre sang, qu'en ferions-nous? bois-le, fleur hypocrite, fleur du silence.

Rose couleur de soufre, enfer des désirs vains, rose couleur de soufre, allume le bûcher où tu planes, âme et flamme, fleur hypocrite, fleur du silence.

Rose couleur de pêche, fruit velouté de fard, rose sournoise, rose couleur de pêche, empoisonne nos dents, fleur hypocrite, fleur du silence.

Rose couleur de chair, déesse de la bonne volonté, rose couleur de chair, fais-nous baiser la tristesse de ta peau fraîche et fade, fleur hypocrite, fleur du silence.

Rose vineuse, fleur des tonnelles et des caves, rose vineuse, les alcools fous gambadent dans ton haleine : souffle-nous l'horreur de l'amour, fleur hypocrite, fleur du silence.

Rose violette, ô modestie des fillettes perverses, rose violette, tes yeux sont plus grands que le reste, fleur hypocrite, fleur du silence.

Rose rose, pucelle au cœur désordonné, rose rose, robe de mousseline, entr'ouvre tes ailes fausses, ange, fleur hypocrite, fleur du silence.

Rose en papier de soie, simulacre adorable des grâces incréées, rose en papier de soie, n'es-tu pas la vraie rose fleur hypocrite, fleur du silence?

Rose couleur d'aurore, couleur du temps, couleur de rien, ô sourire du

Sphinx, rose couleur d'aurore, sourire ouvert sur le néant, nous t'aimerons, car tu mens, fleur hypocrite, fleur du silence.

Rose hortensia, ô banales délices des âmes distinguées, rose néo-chrétienne, ô rose hortensia, tu nous dégoûtes de Jésus, fleur hypocrite, fleur du silence.

Rose rose de Chine, si douce et si fanée, miraculeux amour des femmes remontantes, rose de Chine, tes épines sont mouchetées, et tes griffes sont rentrées, ô patte de velours, fleur hypocrite, fleur du silence.

Rose blonde, léger manteau de chrôme sur des épaules frêles, ô rose blonde, femelle plus fortes que les mâles, fleur hypocrite, fleur du silence!

Rose couleur d'orange, ô fabuleuse Vénitienne, ô patricienne, ô dogaresse, rose couleur d'orange, la gueule du tigre dort sous les lampas de ton feuillage, fleur hypocrite, fleur du silence.

Rose abricotine, ton amour chauffe à petit feu, ô rose abricotine, et ton cœur est pareil aux bassines où mijotent les charlottes, fleur hypocrite, fleur du silence.

Rose en forme de coupe, vase rouge où mordent les dents quand la bouche y vient boire, rose en forme de coupe, nos morsures te font sourire et nos baisers te font pleurer, fleur hypocrite, fleur du silence.

Rose toute blanche, innocente et couleur de lait, rose toute blanche, tant de candeur nous épouvante, fleur hypocrite, fleur du silence.

Rose couleur de paille, diamant jaune parmi les crudités du prisme, rose couleur de paille, on t'a vue, cœur à cœur derrière un éventail, respirer le parfum des barbes, fleur hypocrite, fleur du silence.

Rose couleur de blé, gerbe lourde à la ceinture lâche, rose couleur de blé, tu voudrais bien être moulue et tu voudrais être pétrie, fleur hypocrite, fleur du silence.

Rose lilas, cœur douteux, rose lilas, une ondée t'a rouillée, mais tu n'en vendras que plus cher ta chair oxydée, fleur hypocrite, fleur du silence.

Rose cramoisie, ô somptueux couchers des soleils de l'automne, ô rose cramoisie, tu te couches et tu t'offres, offrande impériale, aux impubères convoitises, fleur hypocrite, fleur du silence.

Rose marbrée, rose et rouge, fondante et mûre, rose marbrée, tu montres encore volontiers le revers de tes pétales, dans la plus stricte intimité, fleur hypocrite, fleur du silence.

Rose couleur de bronze, pâte cuite au soleil, rose couleur de bronze, les plus durs javelots s'émoussent sur ta peau, fleur hypocrite, fleur du silence.

Rose couleur de feu, creuset spécial pour les chairs réfractaires, rose couleur de feu, ô providence des ligueurs en enfance, fleur hypocrite, fleur du silence.

Rose incarnate, rose stupide et pleine de santé, rose incarnate, tu nous abreuves et tu nous leurres d'un vin très rouge et très bénin, fleur hypocrite, fleur du silence.

Rose en velours glacé, dignité rose et jaune, grâces présidentielles, rose en velours glacé, corsages des néo-princesses, pourpoint du bon Tartufe, fleur, hypocrite, fleur du silence.

Rose en satin cerise, munificence exquise des lèvres triomphales, rose en satin cerise, ta bouche enluminée a posé sur nos chairs le sceau de pourpre de son mirage, fleur hypocrite, fleur du silence.

Rose au cœur virginal, ô louche et rose adolescence qui n'a pas encore parlé, rose au cœur virginal, tu n'as rien à nous dire, fleur hypocrite, fleur du silence.

Rose groseille, honte et rougeur des péchés ridicules, rose groseille, on a trop chiffonné ta robe, fleur hypocrite, fleur du silence.

Rose couleur du soir, demi-morte d'ennui, fumée crépusculaire, rose couleur du soir, tu meurs d'amour en baisant tes mains lasses, fleur hypocrite, fleur du silence.

Rose bleue, rose iridine, monstre couleur des yeux de la Chimère, rose bleue, lève un peu tes paupières : as-tu peur qu'on te regarde, les yeux dans les yeux, Chimère, fleur hypocrite, fleur du silence ?

Rose verte, rose couleur de mer, ô nombril des sirènes, rose verte, gemme ondoyante et fabuleuse, tu n'es plus que de l'eau dès qu'un doigt t'a touchée, fleur hypocrite, fleur du silence.

Rose escarboucle, rose fleurie au front noir du dragon, rose escarboucle, tu n'es plus qu'une boucle de ceinture, fleur hypocrite, fleur du silence.

Rose couleur de vermillon, bergère énamourée couchée dans les sillons, rose couleur de vermillon, le berger te respire et le bouc t'a broutée, fleur hypocrite, fleur du silence.

Rose des tombes, fraîcheur émanée des charognes, rose des tombes, toute mignonne et rose, adorable parfum des fines pourritures, tu fais semblant de vivre, fleur hypocrite, fleur du silence.

Rose brune, couleur des mornes acajous, rose brune, plaisirs permis, sagesse, prudence et prévoyance, tu nous regardes avec des yeux rogues, fleur hypocrite, fleur dn silence.

Rose ponceau, ruban des fillettes modèles, rose ponceau, gloire des petites poupées, es-tu niaise ou sournoise, joujou des petits frères, fleur hypocrite, fleur du silence ?

Rose rouge et noire, rose insolente et secrète, rose rouge et noire, ton insolence et ton rouge ont pâli parmi les compromis qu'invente la vertu, fleur hypocrite, fleur du silence.

Rose muguette, liseron qui s'enroule autour des lauriers-roses dans les jardins d'Académos, et qui fleurit aussi dans les Champs-Elysées, rose muguette, tu n'as plus ni parfum, ni beauté, éphèbe sans esprit, fleur hypocrite, fleur du silence.

Rose pavot, fleur d'officine, torpeur des philtres charlatans, rose rosâtre au casque des faux mages, rose pavot, la main de quelques sots tremble sur ton jabot, fleur hypocrite, fleur du silence.

Rose ardoise, grisaille des vertus vaporeuses, rose ardoise, tu grimpes et tu fleuris autour des vieux bancs solitaires, rose du soir, fleur hypocrite, fleur du silence,

Rose pivoine, modeste vanité des jardins plantureux, rose pivoine, le vent n'a retroussé tes feuilles que par hasard, et tu n'en fus pas mécontente, fleur hypocrite, fleur du silence.

Rose neigeuse, couleur de la neige et des plumes du cygne, rose neigeuse, tu sais que la neige est fragile et tu n'ouvres tes plumes de cygne qu'aux plus insignes, fleur hypocrite, fleur du silence.

Rose hyaline, couleur des sources claires jaillies d'entre les herbes, rose hyaline, Hylas est mort d'avoir aimé tes yeux, fleur hypocrite, fleur du silence.

Rose topaze, princesse des légendes abolies, rose topaze, ton château-fort est un hôtel au mois, ton donjon marche à l'heure et tes mains blanches ont des gestes équivoques, fleur hypocrite, fleur du silence.

Rose rubis, princesse indienne en palanquin, rose rubis, sœur d'Akédysséril, ô sœur dégénérée, ton sang n'est plus qu'à fleur de peau, fleur hypocrite, fleur du silence.

Rose amarante, princesse de la Fronde et reine des Précieuses, rose amarante, amante des beaux vers, on lit des impromptus d'amour sur les tentures de ton alcôve, fleur hypocrite, fleur du silence.

Rose opale, ô sultane endormie dans l'odeur du harem, rose opale, langueur des constantes caresses, ton cœur connaît la paix profonde des vices satisfaits, fleur hypocrite, fleur du silence.

Rose améthyste, étoile matinale, tendresse épiscopale, rose améthyste, tu dors sur des poitrines dévotes et douillettes, gemme offerte à Marie, ô gemme sacristine, fleur hypocrite, fleur du silence.

Rose cardinale, rose couleur du sang de l'Église romaine, rose cardinale, tu fais rêver les grands yeux des mignons et plus d'un t'épingla au nœud de sa jarretière, fleur hypocrite, fleur du silence.

Rose papale, rose arrosée des mains qui bénissent le monde, rose papale, ton cœur d'or est en cuivre, et les larmes qui perlent sur ta vaine corolle, ce sont les pleurs du Christ, fleur hypocrite, fleur du silence.

Fleur hypocrite,
Fleur du silence.

FLEURS DE JADIS

A Pierre Quillard.

Je vous préfère aux cœurs les plus galants, cœurs trépassés, cœurs de jadis.

★

Jonquilles, dont on fit les cils purs de tant de blondes filles,

Narcisse oriental, fleur inféconde et pas morale,

Soucis dorés, charme effaré du familier succube, étoile errante, flamme dans les cheveux tristes du pauvre Songe,

Jonquille, Narcisse et Souci, je vous préfère aux plus claires chevelures, fleurs trépassées, fleurs de jadis.

★

Lys blanc, âme éployée des vierges mortes,

Lys rouge, qui rougit d'avoir perdu sa candeur, sexe fleuri,

Iris, pâleur bleue des veines sur un bras immaculé, sourire de la peau, fraîcheur du firmament nouveau, ruisselet où le ciel du matin tomba par aventure,

Lys blanc, Lys rouge, Iris, je vous préfère à des jeunesses moins fiduciaires, fleurs trépassées, fleurs de jadis.

★

Fraxinelle, buisson ardent, chair incendiée, fleur salamandre dont l'âme est une larme noire,

Aconit, fleur casquée de poison, guerrière à plume de corbeau,

Campanules, amoureuses clochettes que le printemps tintinnabule, petites amoureuses tapies sous les ogives que font les coudriers,

Fraxinelle, Aconit, Campanule, je vous préfère à des amours moins délétères ou moins légères, fleurs trépassées, fleurs de jadis.

★

Pivoine, amoureuse donzelle, mais sans grâce et sans sel,

Ravenelle, demoiselle dont l'œil a de fades mélancolies,

Ancolies, petit pensionnat d'impubères jolies, jupes courtes, jambes grêles et des bras vifs comme des ailes d'hirondelle,

Pivoine, Ravenelle, Ancolie, je vous

préfère à des chairs plus prospères, fleurs trépassées, fleurs de jadis.

★

Nielle un peu gauche, mais duvetée comme un col de cygne,

Gentiannelle, fidèle amante du soleil,

Asphodèle, épi royal, sceptre incrusté de rêves, reine primitive induite en la robe étroite des Pharaons,

Nielle, Gentiannelle, Asphodèle, je vous préfère à la grâce des vraies femelles, fleurs trépassées, fleurs de jadis.

★

Primevère, fille aînée de la rosée première,

Bouton d'or, sequin des pauvres courtisanes,

Muguet, muscadine pucelle, spécieuse innocence des péronnelles qui montrent leur gorgelette, petites nymphes au cul tout nu,

Primevère, Bouton d'or et Muguet, je vous préfère à des baisers moins discrets, fleurs trépassées, fleurs de jadis.

★

Nigelle, chimériques cheveux bleus de Vénus,

Coquelicot, bouche que des dents d'amant ont mordu jusqu'au sang,

Ambrette, fleur aimée du Grand Seigneur, coquette aux yeux gris de lin et la peau au grain si fin, — et une odeur monte de ton cœur, une odeur sans aucune candeur !

Nigelle, Coquelicot, Ambrette, je vous préfère à plus d'une fleuronnette qui parle, fleurs trépassées, fleurs de jadis.

★

Martagon dont les têtes se dressent par

centaines, monstre odorant, hydre azurée,

Martagon dont le front porte un turban de pourpre,

Martagon dont les yeux sont jaunes, lys byzantin, joie des empereurs décadents, fleur favorite des alcôves, parfum des Saintes Images,

Martagons, multiples Martagons, je vous préfère à d'autres monstres dont je pourrais dire le nom, fleurs trépassées, fleurs de jadis.

★

Ellébore, pâle rose empoisonneuse,

Coquelourde, madame la Précieuse,

Omphalode, fleurs aux clairs yeux fascinateurs, fleur du nombril, miroir profond où se profuse un faux infini,

Ellébore, Coquelourde, Omphalode, je vous préfère à des catins moins métaphoriques, fleurs trépassées, fleurs de jadis.

★

Piloselle, dame angora, chatte douce aux caresses,

Giroflée, naïve cocardelle au bord d'un bandeau plat,

Pavot, sommeil de l'amour en stupeur, repos, parmi les herbes hautes, des furtifs exercices, là-bas, dans le vieux jardin provincial, — et tu te réveilles pas lors d'un bruit de sabots !

Piloselle, Giroflée, Pavot, je vous préfère aux plus aimables cottes, fleurs trépassées, fleurs de jadis.

★

Bluet, bluette,

Pensée, je pense à toi, — quand je te vois !

Belle de nuit, qui frappas à ma porte, il était minuit : j'ai ouvert ma porte à la Belle de nuit et ses yeux fleurissaient dans l'ombre comme des feux follets sur une tombe, ô Belle, ô Belle, ô Belle, ô Belle des nuits immondes !

Bluet, Pensée, Belle de nuit, je vous préfère à d'authentiques belles, fleurs trépassées, fleurs de jadis.

★

Marguerite, modestie des yeux à qui des doigts font une claie,

Balsamines, petites dames imprudentes, œillades et simagrées,

Amarante, panache des conquérantes, baisers fondants, hanches fondantes, lac de miel où se noient les cœurs adolescents,

Marguerite, Balsamine, Amarante, je vous préfère aux plus sérieux enchantements, fleurs trépassées, fleurs de jadis.

★

Chèvre-feuille, petite rôdeuse,

Jasmin, petite frôleuse,

Lavande, petite sérieuse, odeur de la vertu, sagesse des baisers pondérés, chemises à la douzaine dans des armoires de chêne, lavande pas bien méchante, et si tendre !

Chèvre-feuille, Jasmin, Lavande, je vous préfère à d'aucunes moins sorcières, fleurs trépassées, fleurs de jadis.

★

Quintefeuille, demoiselle élue par les cornues,

Piosne, dont les mains en mitaines sèment des ironies,

Saxifrage, tenace amour qui perce les cœurs les plus durs, flèche à travers la pierre, sourire qui passe entre les mailles des plus mornes grilles,

Quintefeuille, Piosne et Saxifrage, je vous préfère à de plus dociles mystères, fleurs trépassées, fleurs de jadis.

*

Blattaire, fleurs des jaunes ménagères,

Mollaine, fleur rabelaisienne,

Persicaire, beauté dure, tison, flambeau au bout d'un roseau, tout dans les yeux et rien au cœur,

Blattaire, Mollaine, Persicaire, je vous préfère aux plus amoureux airs, fleurs trépassées, fleurs de jadis.

*

Monarde, poivre des mourantes amours,

Clématite, serpent qui s'enroule à nos âmes,

Quamoclit, fleur entonnoir, fleur danaïde, qui bois insoucieuse tout le sang de nos faibles cœurs, tant qu'il en reste un stygmate à tes lèvres,

Monarde, Clématite, Quamoclit, je vous préfère à des chairs plus colombaires, fleurs trépassées, fleurs de jadis.

★

Dame d'onze heures, toute frêle sous ton blanc parasol,

Alysson, dont la belle âme s'en va toute en chansons,

Réséda, parfum des petites cousines, amours gamines, rires adornés de perles fines,

Dame d'onze heures, Alysson, Réséda, je vous préfère aux jambes les moins perfides, fleurs trépassées, fleurs de jadis.

★

Gant Notre-Dame, qu'on baise dévotement,

Argemone, fossette sur la main qu'on adore,

Éternelle, fragile opale à mettre au doigt de son amie, pour qu'un reflet de lune amuse dans l'alcôve,

Gant Notre-Dame, Argemone, Éternelle, je vous préfère aux plus blanches mains, fleurs trépassées, fleurs de jadis.

★

Flambe, cordiale flamme des torches mélancoliques,

Gladiole, poignard tragique, rougi du sang des héroïnes,

Serpentaire, colère des bras désenlacés, aspic sifflant dans les cœurs vides, suicide !

Flambe, Gladiole, Serpentaire, je vous préfère aux yeux les plus épouvantés, fleurs trépassées, fleurs de jadis.

★

Capucine, nonne souriante de souffrir, éclat des secrets martyres,

Larmes de Job, ô larmes pénitentes sous de pâles paupières, tristes perles sur des joues obscures,

Aster, symbole amer des yeux mourants du Christ,

Capucine, Larmes de Job, Aster, je vous préfère aux cœurs les plus sanglants, cœurs trépassés, cœurs de jadis.

LE DIT DES ARBRES

Arbres, cœurs en prison,
Je dirai vos secrets, ayant crucifié vos écorces,
Cœurs douloureux,
Joies de mon triste cœur.

★

Chêne, fleuve de gloire épanoui vers les dieux morts, barbare aux pieds formidables, pierre de lumière et de sang,
L'océan de ta chevelure glauque s'empourpre quand la conque a sonné l'heure

des haches, car tu te souviens des anciens jours,

Chêne, escalier de la haine, arbre sacré, joie de mon triste cœur.

★

Hêtre aux bras blancs, chapelle où la bonne Vierge pleure d'avoir enfanté, inutile escabeau brisé par les pieds lourds des lévites hermaphrodites, escarcelle brûlée par l'or des simoniaques, ventre vide où l'Amour rêva d'aimer les hommes,

Serre sur ton nombril ta ceinture au serpent d'argent,

Hêtre, adoré quand même, arbre miraculeux, joie de mon triste cœur.

★

Orme, vieux moine solitaire, tout chargé de nos péchés, orme en prière, le vent de la mer est plus salé que les larmes des Gomorrhéens,

Ouvre au vent de la mer les crevasses de ta peau pécheresse, et souffre pour nous,

Orme, corps flagellé, joie de mon triste cœur.

★

Frêne aux reins nus, songe impur sorti des ronces, comme un lys fou de vouloir fleurir dans l'air mortel de l'ombre,

L'œil du dragon n'a jamais foré ta peau vierge et froide,

Frêne, pâle gymnosophiste, arbre ambigu, joie de mon triste cœur.

★

Noyer, chair obscure et glacée, dame aux cheveux d'algue, ornés d'émeraudes mortes, chapelets des regrets verdis dans l'étang de la prairie aérienne, espoir seul d'étouffer la gorge des amours inattentives, ombelle désastreuse des avortées,

Je me suis endormi à ton ombre, ombelle froide, et je me réveille parmi le délire des suicidés,

Noyer, chair obscure et glacée, joie de mon triste cœur.

★

Pommier, chaude et pesante ivresse des ventres pressurés par le rut, grappe de complaisance, vigne grasse, dorure des ceintures lâches, tonneau fleuri, abreuvoir des abeilles de pourpre,

Pommes heureuses, vos odeurs m'ont amusé jadis, pendant que le mufle des vaches se frottait à ton dos,

Pommier, tonneau fleuri, arbre heureux, joie de mon triste cœur.

Houx, arbre à peine arbrisseau, ciseau des fesses hypocrites, burin des dos

aimables, manche du fouet, poignet du martinet,

Houx aux yeux rouges, de tout le sang jailli sous tes griffes on ferait un philtre de fraternité,

Houx, petit arbrisseau, petit bourreau, joie de mon triste cœur.

*

Platane, mât de la galère capitane et voilure gonflée vers les amours lointaines, — platane mâle, catapulte de la semence au vent, les cuirasses brisées, les matrices violées, — platane femelle, tour attentive à l'orient, recueillement de la prédestinée, les germes passent et tu les recueilles dans ta chevelure, tramail tendu aux souffles et aux fleurs,

Mâle solitaire, femelle visitée par l'esprit, unissez-vous dans l'inconnaissable,

Platanes, arbres seuls, fiers amants, joie de mon triste cœur.

★

Bouleau, frisson de la baigneuse dans l'océan des herbes folles, pendant que le vent se joue de vos pâles chevelures, baigneuses, vous fermez vos jambes autour d'un secret, portes d'ivoire, et sur les reins tendus des blanches cariatides je vois tomber les larmes des dieux et le sang d'une chimère transpercée,

Mais vous n'essuyez ni vos reins ni vos seins, Nymphes aux bras levés pour porter le rêve en triomphe,

Bouleaux, tristes d'un nom obscur, arbres vierges, joie de mon triste cœur.

★

Aune, veillée funèbre sur le corps du roi mort, tes rois sont morts, peuple des aunes, et tu cherches en vain dans les eaux muettes l'éclair d'une couronne et l'écho d'une chanson nocturne, le roi des aunes dort au fond des abîmes, sous les herbes qui sont la barbe des mauvais mages, et des fleurs d'oubli ont poussé dans les trous de ses yeux,

Cueillez la fleur, si vos mains en ont la force,

Aunes, peuple funèbre, arbres en pleurs, joie de mon triste cœur.

★

Sorbier, parasol des pendeloques, grains de corail au cou doré des gitanes, les moineaux fous ont becqueté le collier de l'étrangère et sa chair,

La gitane a deux colliers et les moineaux s'endorment sur tes épaules,

Sorbier, cœur hospitalier, arbre de Noël des pauvres oiseaux, joie de mon triste cœur.

★

Cerisier d'automne, rouge comme une bonne amie, rouge du sang des cœurs pendus à tes branches, les passants d'hier ont mangé tes délices, et tes feuilles pourpres attendent le caprice du vent sentimental,

Songe à pleurer, en tes larmes d'ambre j'imprimerai le sceau de ma bague, afin de m'en souvenir,

Arbre d'automne, arbre rouge, arbre cordial, joie de mon triste cœur.

Pin douloureux, râle éternel de l'éternelle vie, ta plainte est inutile et ton désir de mourir est contredit par la Loi. Tu vivras seul dans la forêt qui te hait et qui rit de tes soupirs épouvantables.

Ceux qui vont mourir te saluent,

Arbre douloureux, râle éternel de l'éternelle vie, joie de mon triste cœur.

★

Acacia, si tes piqûres parfumées sont des jeux d'amour, crève-moi les deux yeux, que je ne voie plus l'ironie de tes ongles,

Et déchire-moi en d'obscures caresses,
Arbre à l'odeur de femme, arbre de proie, joie de mon triste cœur.

★

Cytise, jeune fille penchée au-dessus du ruisseau clair avec des sourires dans les cheveux, cytise blond, cytise blanc, cytise pur,

Tu donneras tes cheveux blonds aux lèvres du vent, et ta peau blanche à l'invisible main du faune, et ta pureté au mâle qui passe dans l'air hystérique,

Blond cytise, arbre rêveur et frêle, joie de mon triste cœur.

★

Mélèze, dame aux tristes pensées, parabole accoudée sur la ruine d'un mur,

Les araignées d'argent ont tissé leurs toiles à tes oreilles et les scarabées mortuaires, grimpés à ton corsage, ont vomi du sang sous la pluie de tes larmes,

Dame aux tristes pensées, mélèze, joie de mon triste cœur.

★

Saule, arbre éploré, chevelure tombante de l'amante abandonnée, voile entre l'âme et le monde, crêpe lamé de fleurs aussi légères que ta douleur,

Relève tes cheveux, arbre éploré, et regarde celui qui vient là-bas et qui s'est dressé sur la colline de l'aurore,

Amante un peu hypocrite, saule d'élégante amertume, joie de mon triste cœur.

★

Peuplier couleur de cendre, tremblant comme un péché, quelles confidences ai-je lues écrites sur tes feuilles pâles, et de quel souvenir as-tu peur, fiévreuse fille oubliée le long des sentiers, dans les prés ?

Ta sœur aux cheveux crépusculaires s'ennuie au bord de l'eau, dites-moi vos désirs, âmes incestueuses, et je serai votre messager,

Cœurs inquiets, joie de mon triste cœur.

★

Marronnier, dame de cour en paniers, dame en robe brodée de trèfles et de panaches, dame inutile et belle d'ampleur et d'insolence,

Les sarcasmes tombent du bout de tes doigts, et des manants en furent meurtris, mais moi je te briserai les poignets et tu m'aimeras, si je le veux,

Dame en paniers, dame en robe d'orgueil, joie de mon triste cœur.

★

If, né de la mort, prêtre de la mort, if dont les rameaux sont des os,

Requiem éternel debout comme un pardon au chevet glabre des tombes,

Priez pour moi, if vénérable, arbre exorable, joie de mon triste cœur.

★

Épine dont on fit la couronne de Notre-Seigneur, dérisoire couronne au front du roi sanglant,

Épine sacrée toute rougie du sang de la grappe de miséricorde,

Épine charitable, à l'heure de l'agonie, enfonce un de tes aiguillons dans mon cœur coupable,

Épine adorable, joie de mon triste cœur.

Août 1894.

THÉATRE MUET

LA NEIGE

I

Le rideau se déchire et fuit comme les vrais brouillards formés pendant la nuit et que déconcertent, au matin, les premiers gestes de la lumière.

Alors on voit un paysage d'hiver.

Les montagnes de l'horizon s'éveillent en l'attitude d'une femme couchée, nue et frissonnante, les mains croisées sous la nuque, le flanc surélevé en forme de dôme ; un torrent d'argent bleu descend du front et des épaules.

Doucement, avec des précautions insidieuses, le ciel s'avive ; la ligne du dôme animée d'un peu de violet, le sein, pivoine qui va s'ouvrir, éclate soudain en un halo de pourpre ; tout le corps de l'idole saigne sous les griffes du lion, et la crinière surgit, les naseaux étincellent, les yeux fulgurent.

Le lion gravit le ciel et se perd dans les bras des nuées qui se disputent l'amant royal ; les nuées victorieuses déroulent un nouveau rideau dont les brumes troublent l'image du monde.

II

Le rideau se déchire.

Alors on voit passer sur la scène, qui est un bois d'arbres tronqués, dont toutes les branches gisent parmi les feuilles mortes et les buissons de houx :

Un bûcheron. Sa serpe sur le bras, des cordes de chanvre sur l'épaule, il marche lourdement, le corps plié à gauche. La bûcheronne le suit, écrasée sous une besace : devant s'arrondit un pain, derrière se tasse un petit dont la tête pend et oscille comme un battant de cloche.

Ils passent, la tête basse, sans rien voir que leurs pieds ; ils s'arrêtent : c'est que l'homme veut vider son sabot où une pierre est entrée ; il s'appuie un instant sur sa femme, puis tous deux reprennent leur chemin : on voit sur la droite disparaître le battant de cloche.

Les montagnes, en l'attitude d'une femme qui s'éveille, resplendissent à l'horizon.

Un rideau de nuées tombe sur le bois d'arbres tronqués.

III

Le rideau se déchire et l'on voit revenir le bûcheron, la bûcheronne et le petit que traîne le bras de sa mère. Ils vont s'asseoir au soleil sur une grosse branche gisante dans les feuilles mortes et ils mangent du pain et boivent à même une gourde. Les paupières baissées, ils regardent leur pain, et quand ils renversent la tête pour prendre une gorgée à la gourde ils ferment tout à fait les yeux pour ne voir ni le ciel où planent des nuages de lait primordial, ni l'idole, dont l'énorme et nonchalante beauté n'est rien pour eux qu'un roc déplaisant et absurde.

Ayant bu et mangé, ils s'en vont reprendre leur besogne, qui est de couper les membres et la tête des beaux arbres et de les coucher sur les feuilles mortes, parmi les buissons de houx.

Les nuées s'abaissent vers la terre.

IV

Les nuées se déchirent et l'on voit l'idole osciller. Ses jambes se détachent, son flanc se surbaisse, son buste se dresse, sa figure s'affirme ; elle est debout, le ruisseau d'argent bleu passe entre ses seins et s'enroule à ses reins ; elle est debout, elle touche au ciel par le front et ses bras étendus font de l'ombre sur le monde. Ses mains lentement ramenées s'arrêtent sur ses mamelles ; elles les presse amoureusement et deux rayons de feu descendent sur la nature éperdue : l'un de ces rayons est d'un feu pourpre et l'autre est d'un feu violet.

Dans le rayon pourpre on voit des hommes priapiques, et dans le rayon violet, des femmes callipyges. Les deux rayons, d'abord divergents, se croisent, puis s'emmêlent et les sexes se livrent à de si furieux assauts qu'une pluie de sang obombre les airs, — mais le sang ne tombe pas jusque sur le sol, car des anges hermaphrodites, sortis de chaque tronc d'arbre, le recueillent en des coupes de rubis et s'en énivrent.

Cependant les rayons se divisent, s'atténuent, meurent ; les hermaphrodites rentrent sous l'écorce des arbres qui s'agitent en un bref spasme de volupté, puis la lumière recommence à se troubler, tandis que l'on voit l'idole se recoucher sur le ventre des montagnes : mais, dès qu'elle est couchée, un rire infini la secoue tout entière, son corps se crispe, s'ondule, se roule ; et enfin, elle porte la main à son ventre et en retire une grappe de raisin qu'elle mordille, apaisée, en s'endormant.

Les nuées se reforment.

V

Les nuées se déchirent, et entrent, par la gauche, deux jeunes gens enveloppés dans le même manteau, d'où l'on voit sortir et flotter au vent une chevelure blonde. Ils marchent aussi vite que le permet leur enlacement ; sous la cape qui les couvre on devine, à des mouvements d'étoffe, qu'ils se baisent sur la bouche et ne détachent leurs lèvres que pour reprendre haleine. Quand ils passent, sans rien voir que la fleur charnelle qui renaît incessamment sous les baisers qui la dévorent, l'idole frissonne dans son sommeil et ses épaules se resserrent sur ses seins écrasés.

Ils passent et de plus graves nuées alourdissent l'air.

V I

Les nuées s'allègent un peu, puis se résolvent, mais l'air est glacé : c'est de la neige.

La neige tombe : les feuilles mortes, puis les vertes feuilles des houx blanchissent sans perdre leur forme, mais la neige tombe toujours plus épaisse ; les feuilles mortes ne sont plus qu'un tapis uniformément candide et les buissons de houx ressemblent à de blancs agneaux de sel. On voit arriver, courbés, haletants et aveuglés, le bûcheron et la bûcheronne ; le bûcheron porte sur son dos un gros fagot que surcharge la neige ; la bûcheronne a mis le petit dans son tablier et elle le protège encore en faisant à sa tête chétive un abri avec sa main tout engourdie.

La neige devient si épaisse et si lourde que les pieds des pauvres gens ont peine à en soulever le poids. Ils s'arrêtent et se consultent, pendant que les deux jeunes gens, occupés de leur seul amour, arrivent et passent ; ils ont presque disparu, on ne voit plus que la flottante chevelure blanche de la jeune femme, quand un coup de vent les rejette sur la scène et les couche dans la neige. Ils se débattent, ils prennent pied, ils se relèvent ; le vent les couche encore une fois, fauchant du même coup le bûcheron et la bûcheronne, et le tourbillon amasse sur les vaincus une montagne de neige aussi haute que la montagne de granit où l'idole, invisible aux hommes, amuse son sommeil des extatiques rêves de la stérilité.

La nuit tombe.

VII

La lune déchire les voiles de la nuit et l'on ne voit rien qu'une immensité blanche d'où sortent les cous noirs et nus des arbres décapités.

L'idole, au-dessus de la neige, tressaille d'amour impur.

La lune meurt. Nuit définitive et absolue.

13 juin 1894.

LES BRAS LEVÉS

La scène représente un océan de têtes, d'où surgissent, comme des balises à demi-découvertes par le flot, une forêt de bras levés. C'est un peuple à genoux et en prière.

Les têtes se dressent entre les bras levés; des varechs et des lichens pendent aux balises; le vent, soufflé de l'orient, gonfle ces chevelures et les soulève selon un rythme qui semble aussi une prière.

Le peuple est à genoux; des invisibles yeux, extasiés de terreur et d'espoir, une lueur lactée s'exhale et monte vers le ciel. Les âmes gravissent la voie lactée, jonchée d'éclats de perles, et le chemin blanc, mais strié de barres nocturnes, de larmes de feu, de sanglantes moisissures, s'engouffre et se perd, aux suprêmes altitudes, dans la gloire fulgurante du Pentagône.

Le Pentagône oscille, puis tourne sur lui-même comme une roue; les flammes qui sortent de ses angles s'enroulent autour de la roue; le Pentagône tourne avec une vitesse infinie et propage jusqu'aux confins du monde un tourbillon d'air enflammé, où s'agitent des prunelles désorbitées, coquilles de noix phosphorescentes emportées dans le fleuve obscur et circulaire du maëlstrom universel.

A ce divin spectacle, le peuple à genoux frissonne d'amour et de reconnaissance; la piété se prosterne dans tous les cœurs et dans tous les ventres, l'humilité se couche sur les dalles parmi les détritus de la vie. Sur le chemin blanc, qui a résisté à l'énergie du tourbillon, les âmes s'élancent et se bousculent ; on les voit, corpuscules d'incombustible amiante, trébucher aux éclats de perles, escalader les barres nocturnes, franchir les larmes de feu, nager à travers les sanglantes moisissures...

La roue s'arrête et redevient pentagône ; ses angles s'effacent : c'est un cercle ; il se gonfle : c'est une sphère. Ce spectacle ne paraît pas moins divin que le premier. Les bras se tendent plus nerveusement, les têtes se renversent bien décidées à contempler l'Infini face à face et dans toute sa gloire. Le chemin blanc est tout chargé d'une épaisse poussière d'âmes : une fourmilière monte à l'assaut du ciel et menace l'or limpide de la Sphère immaculée.

Voilà que toutes les mains et toutes les

têtes ont tremblé d'une même secousse : les premières fourmis font une tache sur la glorieuse sphère et une ligne d'âmes s'écrit bientôt de l'un à l'autre de ses pôles. La Sphère s'obscurcit : le peuple a conquis son Dieu.

En bas, un à un les flambeaux, une à une les lampes s'éteignent; les bras et les têtes s'évanouissent dans l'air, et le vent d'orient, qui passe au-dessus des corps détruits, emporte vers le Futur le parfum atomal de la Vie.

Le monde est devenu noir; un Dieu informe et lourd pend comme un lustre éteint au-dessus des ténèbres; n'ayant plus de spectateurs, l'Infini a fermé les portes du théâtre, — mais il se recueille et il songe : « J'étais Pentagône. Je serai Triangle. »

La Sphère obscure se déplace sur son axe; elle se gonfle encore; des points d'or apparaissent sur sa peau ; les fourmis commencent à pleuvoir sur le monde où des lueurs tombent. La Sphère éclate et de ses débris, ramenés au centre par l'attraction, le Triangle se forme.

Toutes les âmes sont rejetées sur la terre, et, à mesure qu'elles touchent le limon, les atomes se groupent autour de leur essence, car le vent d'Orient, ayant fait le tour du globe, est revenu chargé du parfum atomal de la vie.

Les flambeaux et les lampes s'allument : les têtes se dressent, les bras se lèvent ; l'inconsciente prière monte en lueur lactée vers le pluriforme Idéal et les âmes recommencent à gravir le chemin blanc du ciel, le chemin qui, dorénavant, va s'engouffrer et se perdre, aux suprêmes altitudes, dans la fulgurante gloire du Triangle.

23 juillet 1894.

LE PÈLERIN DU SILENCE

A Stéphane Mallarmé.

Le blond troupeau bourdonne autour du fier sultan, du sultan aux cornes d'argent : c'est Tauris, courtisé de plus de collines que l'amour n'amène d'amoureuses, que la peur ne presse de peureuses aux flancs du mâle flamboyant.

Sur les coupoles, les arbres font de la dentelle : Ali la jaune, Hassein couleur de rouille, Cazem la toute blanche, et des lunes brisées brillent sur tous les dômes.

Au plus creux de la vasque sableuse, deux rivières joignent leurs eaux confluentes, la verte Spincha, douce et trouble au printemps, non moins qu'un œil de femme, et l'Agi, noir torrent salé.

Zaël méprisait de s'anonchalir aux bazars (où l'on vend des étoffes brodées de contes de fées), aux cafés (où de tremblantes mains défrisent la chevelure parfumée des adolescents). Quand il avait fait ses dévotions à la Mosquée du Roi du Monde, cet inquiétant coffret tout doublé d'or, tout vêtu d'or, il sortait de la ville, montait vers les Yeux d'Ali, l'hermitage fleuri de rêves, radieux comme les yeux du plus beau des Califes.

D'autres fois, à l'heure de la moindre chaleur, il rôdait sur la Grand' Place, s'arrêtait devant une danse de loups (Tauris avait les meilleurs loups-danseurs de toute la Perse); devant un combat de béliers, se ruant férocement tête contre tête (des paquets de préservatrices amulettes sonnaient à leur cou comme des sonnailles); devant la lutte aérienne d'un

aigle et d'un épervier : les deux oiseaux
fusaient en l'air, et tandis qu'étourdi
l'aigle ramigeait en vain, l'épervier, tel
qu'une pierre de foudre, se laissait choir
sur son ennemi, et tous les deux tombaient
avec de grands bruits d'ailes. L'épervier,
grisé par les clameurs, reprenait son vol,
planant çà et là dans sa joie, mais l'oise-
leur, d'un coup de tam-tam, le rappelait
vers la cage.

Un mystérieux escamoteur se montrait
périodiquement, et ses magies, qui en-
chantaient les enfants, déconcertaient les
mollahs ; dans une poignée de terre, un
noyau de pêche, et voilà que sous l'agi-
tation de son turban déroulé, le pêcher
surgissait, poussait du bois, des feuilles,
des fleurs, des fruits qui se gonflaient,
veloutés et vermeils.

Voyant cela, Zaël se demandait s'il n'est
point des MOTS qui domptent la nature et
si l'esprit de certains prédestinés n'a pas

sur les choses une domination pareille à celle du vent sur les sables; mais, quand il interrogeait Yezid-Hagy, son maître, le maître souriait, et rien de plus.

Depuis longtemps, précocement sage, il avait délaissé les jeux : le gaujaphé (qui se joue avec des signes peints sur de petites planchettes), les œufs (où l'on choque, au plus fort, des œufs durs et dorés), les échecs (où l'on crie « cheicchamat », quand le roi va être pris), l'arc (où on lâche douze flèches, en disant à la dernière : « Entre au cœur d'Omer! »).

Il ne se plaisait qu'aux entretiens de Yezid, ou solitaire.

Jusqu'en ces derniers temps, on l'avait vu royalement habillé : chemise de soie perse semée d'astres d'argent; jupe en cloche d'un pers assombri, bombant autour des cuisses; justaucorps soutaché or sur or et doublé avec la laine des moutons de Bactriane, plus fine et plus soyeuse que des cheveux de blonde; jambières en drap gris d'acier à talons rouges; babouches de chagrin pers; turban blanc sommé d'un diamant.

Zaël possédait de semblables costumes combinés en jaune orange, en rose rubis, en vert lavande, en vert de mer et en vert aventurine, mais n'en portait aucun : la robe noire lui suffisait pourvu qu'elle fût de drap souple, doucement fourrée, tombante en beaux plis.

Jadis, c'était un jeune homme de médiocre savoir, dissipateur et fou, pourtant inquiet, tel qu'un avare, de la richesse intellectuelle dont il portait en lui le sombre trésor. Yezid lui enseigna toutes les sciences, dont la première, et celle qui les contient toutes, est : LE SILENCE, avec cette formule : REGARDE EN TOI-MÊME ET TAIS-TOI.

« Il faut, lui dit son maître, un jour, qu'avant de te vouer à la permanente méditation, avant d'assumer un irrévocable mépris pour le verbe (qui n'atteint jamais le Point central que déformé, dans sa trajectoire, par la répulsive épaisseur des cervelles humaines), il faut que tu voies le monde. Prends un cheval et des serviteurs, gagne Ispahan. C'est le centre de la sottise et de la cupidité universelles, car la ville est peuplée dix fois comme Tauris, et l'ignominie natale, invétérée en toute créature, n'atteint son épanouissement parfait qu'au milieu du grouillement tumultuaire des larges capitales. Va, que la monnaie soit ton seul truchement, et sans proférer aucune syllabe tu seras compris ».

Zaël se mit en route, ayant fait le vœu du silence.

Il passa par l'humide Vaspinge, striée de ruisselets, flabellée de peupliers, brodée de la glauque frondaison des saules ; — par l'Agi-Aga, où pâturent, le ventre dans l'herbe, des générations de chevaux noirs, issues du formidable troupeau de cent mille crinières qu'entretenaient là les anciens rois de Médie; — par des villages blancs; — par des plaines rouges; — par une montagne bleue.

Il passa par Sircham, le caravansérail des Sables, où l'on soupe d'un ragoût de chèvre, pimenté de hiltit noir; — par le pays d'Arakayem, qui n'est que de chardons bleus et de bruyères roses; par Zerigan, la fleur des ruines, le village acrobate poussé, comme des giroflées sauvages, d'entre les disjointures des vieux murs écrasés; — par Sultanie, le pays des roses fanées, des tours penchantes, des mosquées aux dômes crevés, aux pavés que bousculent les folles herbes, les hystériques végétations qui dansent la sarabande dans les temples hantés.

Il passa par Ebher, toute en jardin, nuagère perspective de pêchers en fleurs, et dans les cultures : les tulipes barbares, les fragiles anémones, les jasmins grimpeurs et ces lourdes couronnes dont le pourpre impérial penche comme un vieux trône, les jonquilles, les narcisses, les muguets, les lys, les œillets jaunes et les œillets couleur de sang, les diaphanes mauves et la rose.

A Casbin, il but du vin violet qui semblait une effusion d'améthystes.

A Kom, où, chacun en son clos, reposent les cinq cents fils d'Ali, il acheta une épée qui ployait comme un jonc, s'énivra d'eau fraîchie dans le ventre des oiseaux blancs, fuma du tabac noir mêlé à du chenevis, mangea les tartines de graisse de cabri saupoudrées de graine de pavot, dormit sous un platane, ce qui préserve de la peste, assista à l'auto-da-fé d'un gulbad, cet arbre magique dont les fleurs empoisonnent le vent, visita les Fontaines souterraines et la Mosquée des deux Rois, près de laquelle une enceinte aux grilles sacrées emprisonne d'inviolables roses, nées de la chair de Fathmé. Un prêtre veillait, Zaël souriait : de ses doigts comme distraits des tomans d'or tombèrent sur le sable, et ses yeux fixaient la plus large des roses. Le prêtre apporta la rose à Zaël, et Zaël, sans même la respirer, l'effeuilla d'une chiquenaude, — content : car, pour une simple aumône, l'incorruptible gardien des inviolables roses avait vendu les roses, son vœu, la majesté des tabernacles et la virginité de la fille de Mousa, fils de Gazer.

Cachan fut la dernière étape. Avant d'entrer dans cette ville redoutée, il avait murmuré en lui-même, selon l'usage : « Scorpions, je suis étranger, ne me touchez pas ». Il fut piqué, guéri par une vieille femme qui lui en offrit une jeune. C'était, disait-elle, une assez sauvage gazelle, volée à des vignerons, mais Zaël apprit la vérité : « Ma petite maman, susurra la mignonne, attendait le voyageur résolu à payer le prix de ma réelle beauté, et c'est toi : je suis ton esclave. » Il la fit déflorer par son premier serviteur, Thamas, et, avant de la rendre humiliée aux mains maternelles, voulut qu'elle subît les fougues barbares de son palfrenier Piri, de Cofrou le muletier et du convoyeur Mirzathaer.

Quelques heures plus tard, ils touchaient à Ispahan.

Une petite maison meublée, pourvue d'esclaves, lui fut indiquée ; Zaël l'arrêta et chargea Thamas de l'urgente acquisition de quelques femmes, car un homme dépourvu de femmes est taxé de mauvaises mœurs : l'hypocrisie exige un certain décor, à Ispahan, comme à Tauris.

Elles étaient convenables et toutes trois blondes, mais teintes en brunes, avec des sourcils d'idoles, une mouche noire au coin de l'œil et une violette au menton. Il les habilla magnifiquement, attacha des pierreries au bout de leurs tresses tombantes, voulut les chemises de la plus caressante soie, les manteaux du plus magistral damas, les voiles de la plus rêveuse dentelle ; boîtes de senteur flottant à des chaînes d'or, anneaux à tous les doigts et à tous les orteils, colliers de perles, pendants d'oreilles et boucles de narine, paquets d'inutiles bagues, pendulant comme des amulettes entre leurs seins.

Il leur donna un souper : elles mangèrent des dattes de Jaron conservées en des courges creuses ; des pistaches fricassées au sel ; des pavis, des grenades blanches et des roses, des prunes de Boccara ; des abricots à chair rouge dont on grignote l'amande, le noyau s'ouvrant aisément d'un coup d'ongle ; du raisin bleu cultivé par les Guèbres de Neyesabad et qui se sert sur un lit de violettes.

Toutes les trois reçurent les faveurs du maître : elles le souffrirent avec complaisance, en créatures qui savent que l'homme ne saurait être le dispensateur d'aucun plaisir et que la femme seule connaît les ressorts secrets d'une chair de femme. Zaël, désormais, les laissa s'amuser entre elles et corrompre à leur aise un jeune et divin petit eunuque qu'il leur avait choisi comme joujou.

Dans un café, au milieu des fumeurs d'asium, des joueurs d'échecs, des dormeurs, un mollah prêchait, ensuite faisait la quête. Tout à coup, se dressant de même qu'en songe, un derviche lançait, d'une puissante voix de hurleur, un aphorisme sur la vanité du monde, retombait dans ses prières. Le poëte conteur, qui commençait l'histoire de Mouça chez les Pharaons, fut interrompu par une troupe de danseuses. Elles roulaient des ventres nus, au nombril peint d'une fleur obscène, et, quand les jupes glissaient sur les cuisses, leur sexe épilé faisait songer à de grandes fillettes impubères et lascives. Calmées, quelques-unes et quelques turbans disparurent vers le fond du café ; mais la luxure allait aux jeunes Circassiens qui apportaient les narghilés et les tasses avec de languides allures : à chaque instant le service s'interrompait, toute cette jeunesse étant en proie, dans les salons secrets, à de lucratives émotions.

Zaël, qui voyageait pour s'instruire, ne résista pas à la curiosité de sa race, mais ces jeunes complaisants joignaient la rapacité de la gueuse à la niaiserie de l'enfance : c'était des joies vraiment désolantes, vraiment trop évocatrices du Sahara, où, pérégrins maudits, nos désirs fantômes ne joignent que des spectres. Il eut d'autres désillusions, il les eut toutes, car il acheta tout : il fut cazy, il fut mocaïb, il fut vakanevis, il fut daroga, il fut vizir, il fut chef des Porte-flambeaux « par l'ordre exalté et inexprimable du Très-Haut et Très-Saint Seigneur, vicaire de Dieu. »

Huit jours après, reprenant son état de philosophe libre et obscur, il écrivait à Yezid.

« La vie ne contient rien. Le silence même est inutile. Relève-moi de mon vœu. Je veux pouvoir dire aux hommes que je les méprise. »

« A quoi bon! répondra Yezid. Ils le savent, mais tout leur est indifférent, hormis la jouissance. »

Il n'envoya aucun messager vers Tauris.

Le ciel du soir s'alanguissait, là-bas, de fumées amarantes. Zaël traversa les faubourgs : de rouges ziégaris sommeillaient adossés au mur d'un corps de garde, et la pointe bleue de leurs bonnets s'inclinait, semblait saluer les passants. Partout, rasant le sol, comme un flot, couvrant les toits d'une neige imprévue, dressant en l'air des trombes croulantes d'ailes immaculées, des pigeons blancs : quelques tête huppées animaient un instant les trous multiples des lourds colombaires.

Au-delà des Portes du couchant, la nuit éploya ses noires tarlatanes étoilées d'argent pâle : Zaël marchait toujours. Il était bien réellement, à cette heure, le Pélerin du silence : aucun grelot ne sonnait dans son crâne, nul verbe ne luisait dans les limbes de sa pensée, et il allait, goûtant la fraîcheur du soir et la douceur des négations définitives.

Zaël marchait toujours, et la nuit éployait ses noires tarlatanes lamées d'argent lunaire. D'un bois de saules, une chanson monta :

Celle qui tient mon cœur m'a dit languissamment :
« Pourquoi donc es-tu triste et pâle, ô mon Charmant ? »
M'a dit languissamment celle qui tient mon cœur.
Celle qui tient mon cœur m'a dit moqueusement :
« Quel miel d'amour a donc englué mon Charmant ? »
M'a dit moqueusement celle qui tient mon cœur.

Moi, j'ai pris un miroir et j'ai dit à la Belle :
« Regarde en ce miroir, regarde, ô ma Cruelle ! »
Et j'ai dit à la Belle, en brisant le miroir :

« Comme une perle d'ambre attire un brin de paille,
La langueur de ton teint m'appelle, je défaille.
Je suis le brin de paille et toi la perle d'ambre. »

« — Apportez-moi des fleurs fleurantes et des cinnames
Pour ranimer le cœur de mon Roi qui se pâme,
Des cinnames pour son âme et des fleurs pour son cœur ! »

Zaël entra dans le bois de saules. Penchée vers la fontaine, une jeune fille emplissait des outres et elle était charmante, bras nus, cheveux roulés et son voile envolé.

Avec de grands yeux calmes, elle regarda l'inconnu : Zaël s'approcha, et, s'agenouillant, toujours muet, leva vers son menton un pli de sa robe.

« Si tu es le roi, dit la jeune fille, retourne en ton palais, si tu es l'ange visiteur, remonte au ciel, mais si tu es un voyageur, ferme les yeux, car je suis dévoilée. »

L'outre qu'elle plongeait dans la fontaine lui glissa des mains, et ses naïves lèvres se laissèrent couvrir par les lèvres de Zaël. Elle ne parla plus, et, dans l'adorable silence des vallées endormies, Zaël, pour la première fois, buvait un peu d'âme.

Maintenant, blottie aux flancs de l'Homme, dont elle serrait les genoux de ses bras adorants, la Femme redisait passionnément le chant de la Vierge :

« Apportez-moi des fleurs fleurantes et des cinnames,
Pour ranimer le cœur de mon Roi qui se pâme,
Des cinnames pour son âme et des fleurs pour son cœur ! »

Zaël songeait à des paroles de son maître :

« Si tu trouves le Désintéressement et qu'il ait des vêtements d'homme, prosterne-toi le front dans la poussière. S'il a des vêtements de femme, prends cette femme et rentre en ta maison. »

Ayant songé, il tira sa bourse et la vida

dans la robe entr'ouverte, mais la jeune fille secoua sa robe et pleura.

Alors, Zaël rompit son vœu :

« Viens, tu es Celle que je ne cherchais pas. Viens, et dis-moi ton nom.

« — Mon nom est Amante et je t'aime. »

Dans l'adorable silence des vallées endormies, Zaël pour la première fois buvait un peu d'âme, et Amante, amoureusement, picorait les pièces d'or une à une les fourrait dans sa chevelure.

Ils étaient deux : au plus creux de la vasque sableuse, deux rivières joignaient leurs eaux confluentes, la verte Spincha, douce et trouble au printemps, non moins qu'un œil de femme, et l'Agi, noir torrent salé.

Ils étaient deux : sur les coupoles les arbres faisaient de la dentelle : Ali la Jaune, Hassein couleur de rouille, Cazem la toute blanche, et des lunes brisées brillaient sur tous les dômes.

Ils étaient deux : le blond troupeau bourdonnait autour du fier sultan, du sultan aux cornes d'argent : c'était Tauris, courtisé de plus de collines que l'amour n'amène d'amoureuses, que la peur ne presse de peureuses aux flancs du mâle flamboyant.

« Vous êtes deux, dit Yezid, avec une ironie qui troubla Zaël, vous êtes deux ?...

« REGARDE EN TOI-MÊME ET TAIS-TOI. »

BIBLIOGRAPHIE

I. — Histoire tragique de la Princesse Phénissa expliquée en quatre épisodes.

    A. — *Mercvre de France*, novembre 1893.

    B. — *Edition du Mercvre de France*, 1894, in-8° royal. Tirage unique à 100 exemplaires sur japon français.

II. — Le Fantôme.

    A. — *Mercvre de France*, janvier-avril 1892.

    B. — *Edition du Mercvre de France*, 1893, grand in-12 raisin. Tirage à petit nombre sur vélin teinté, japon impérial, hollande, japon vieux rose. Deux lithographies de Henry de Groux.

    C. — *2e édition*. Grand in-12 raisin, vélin teinté. Les deux lithographies.

III. — Le Chateau Singulier.

    A. — *Le Journal*, mars-avril 1894.

    B. — *Edition du Mercvre de France*, 1894, petit in-16. Tirage à petit nombre sur vergé d'Arches et sur chine, ornementations en rouge et bleu.

IV. — LITANIES DE LA ROSE.
 A. — *Mercvre de France*, mai 1892.
 B. — *Edition du Mercvre de France*, 1892, in-16 jésus. Tirage unique à 84 exemplaires sur japon français de différentes couleurs.

V. — FLEURS DE JADIS.
 A. — *Mercvre de France*, juin 1893.
 B. — *Edition du Mercvre de France*, 1893, in-16 écu. Tirage unique à 47 exemplaires sur hollande.

VI. — LE DIT DES ARBRES.
 A. — *Mercvre de France*, octobre 1894.

VII. — LA NEIGE.
 A. — *La Nervie*, août 1894.

VIII. — LES BRAS LEVÉS.
 A. — *L'Art littéraire*, septembre 1894.

IX. — LE PÉLERIN DU SILENCE.
 A. — *Le Mercvre de France*, mai 1890.

TABLE DES MATIÈRES

	Pages
Phénissa.	5
Le Fantôme.	61
Le Chateau singulier.	159
Le Livre des Litanies	201
Litanies de la Rose.	203
Fleurs de jadis.	217
Le Dit des Arbres.	231
Théatre muet	243
La Neige.	245
Les Bras levés.	255
Le Pèlerin du silence	261

ACHEVÉ D'IMPRIMER

le trente Avril mil huit cent quatre-vingt seize

PAR

L'IMPRIMERIE V⁰⁰ ALBOUY

POUR LE

MERCVRE

DE

FRANCE

www.ingramcontent.com/pod-product-compliance
Lightning Source LLC
Chambersburg PA
CBHW070541160426
43199CB00014B/2327